Ingeborg Bauer

IM DIALOG MIT SICH SELBST UND DEM MEER
Drei Maler und die Ostsee

Für Siegfried

Otto Niemeyer-Holstein Lebensstrategie

„Im Alter muss man so viel eigene Arbeit haben, dass man von seinen eigenen Arbeiten angeregt wird". Otto Niemeyer-Holstein bemüht sich, jeden Tag zu arbeiten. Damit hat er 1917 begonnen und sich so aus einer Lebenskrise befreit. Er beginnt zu zeichnen. Er wird bis ins hohe Alter versuchen, jeden Tag zu arbeiten.

Ingeborg Bauer

IM DIALOG MIT SICH SELBST UND DEM MEER

Drei Maler und die Ostsee

Fotos und Layout: Ingeborg Bauer

Bibliografische Information der Deutschen Nationalbibliothek:
Die Deutsche Nationalbibliothek verzeichnet diese Publikation in der
Deutschen Nationalbibliografie; detaillierte bibliografische Daten sind
im Internet über http://dnb.dnb.de abrufbar.

Herstellung und Verlag: BoD – Books on Demand, Norderstedt

ISBN: 978-3-7557-4997-4

Ein Tag im Februar 1963 während der *See-Gfrörne* am Bodensee

Grau und neblig – ohne Konturen, ohne Raum erinnere ich die Fläche des Bodensees, keine Farben, allein Geräusche. Eine Klassenkameradin und ich wollten Eislaufen auf dem gefrorenen See. Es war die *See-Gfrörne* im Winter 1963. Gedacht war wohl an ein vergnügliches Gleiten auf Schlittschuhen in Ufernähe. Doch verführte die Fläche wohl weiter hinaus zu fahren – schließlich konnten wir das zurückliegende Ufer nicht mehr ausmachen. Über eine offene Stelle war eine Leiter gelegt, an manchen Stellen konnte man verhalten glucksendes Wasser, ein gedämpftes Rauschen vernehmen ... Ich erinnere mich nicht, dass wir miteinander geredet hätten, auch liefen wir nicht eigentlich zusammen über das Eis. Jede für sich, allein in dem konturlosen Dämmergrau. Schließlich kam das andere Ufer in Sicht. Wir liefen schneller, das Schweizer Ufer schien ein sicherer Hafen. Die Angst trieb uns vorwärts. Wir kannten niemanden am fremden Ufer, wir hatten kein Geld dabei, keinen Ausweis. Handys würde es noch lange nicht geben. Wir mussten zurück, ohne Verzug. Inzwischen war die Dämmerung weit fortgeschritten, wir fuhren einfach geradeaus ins Dunkel. Ich glaube, wir haben auch jetzt nicht geredet. Jede fuhr für sich. Wir waren allein mit der Weite, der Kälte, dem gelegentlichen dumpfen Rauschen unter uns. Wir waren aus der Zeit gefallen. Schließlich leuchteten in der Ferne, zunächst ganz schwach, Lichter auf, das deutsche Ufer. Wir würden es schaffen. Wir hatten es geschafft.

IM DIALOG MIT SICH SELBST UND DEM MEER

Drei Maler und die Ostsee:

Otto Niemeyer-Holstein, Lyonel Feininger
Caspar David Friedrich

IM DIALOG MIT SICH SELBST UND DEM MEER

Uwe Kolbe im Februar 1963 auf Usedom [1]

Der vierzehnjährige Uwe ist auf Klassenfahrt für ein paar Tage auf der Insel Usedom. „In Trassenheide war es die fünf Tage, die ich und meine Klassenkameraden dort verbrachten, dunkel. Wir schrieben Februar. Es war dunkel und wurde höchstens dämmrig. Für uns herrschte Dunkelheit." [2]

Man kam an und wollte sogleich zum Meer. „Auf dem Weg musste ich innerlich das Wir verlassen oder, anders gesagt, mich vom Kollektiv verabschiedet haben. Es gab etwas, was ich nicht teilen konnte [...] das Herzklopfen, wenn der Weg absehbar Richtung Meer führte. Wenn es wirklich ans Meer ging [...]. Das Ereignis des Himmels zuvor gehörte dazu. Wie er sich weitete und weitete. Wie die Horizontlinie schwand, sich zurückzog, ins schiere Nichts abkippte, wegtauchte [...]. Da war die Einsamkeit auf der Oberfläche des Planeten gesucht. Nur ich, nur ich und das Meer." [3]

---

[1] Uwe Kolbe, Mein Usedom – Abschied von Vineta (Hamburg 2014) - Uwe Kolbe, geboren 1957 in Ostberlin, übersiedelte 1988 nach Hamburg, wo er heute nach Jahren in Tübingen und Berlin, wieder lebt. Er ist in erster Linie Lyriker, schrieb aber im selben Jahr wie „Mein Usedom" einen autofiktionalen Roman: „Die Lüge" (2014).

[2] Uwe Kolbe a.a.O. S.7
[3] Uwe Kolbe a.a.O. S.9-10

„Jenseits des schmutzig wirkenden Strands lag eine weite schneebedeckte Fläche. Sie war von Verwerfungen durchzogen. An den Bruchlinien ragten Eiskanten auf. Das Meer war in den letzten Wochen, nach Temperaturen von unter minus zwanzig Grad Celsius, gefroren. […] Irgendwo weit hinten oder besser gesagt vorn, da draußen war ein dunkelgrauer Streifen offenen Wassers auszumachen."[4]

„Am nächsten Tag ging es vormittags auf Strandwanderung, endlos unter dem grauen Himmel entlang." In Zinnowitz sehen sie eine Art von Architektur, die Kolbe als „Laubsäge-Barock" bezeichnet, mit Verzierungen, die er von den Vororten Berlins, wo seine Großeltern wohnen, kennt. Diese Häuser waren „überwuchert von hölzernen Ornamenten. Hier hatte man sie meist weiß angestrichen, irgendwann einmal."

„Für einen der Tage […] war […] der Besuch in einem Künstleratelier vorgesehen. […] Der Maler sei sehr bedeutend. Er lebe hier schon sehr lange. Er sei weit über die Insel hinaus bekannt. Hier auf Usedom jedenfalls sei er die berühmteste lebende Persönlichkeit. Seine Bilder würden die Insel sehr schön abbilden. Und sein Haus, das sei eine extra Überraschung." [5]

„Das Grundstück mit dem Atelier befand sich auf der schmalsten Stelle der Insel, wurde uns erklärt. […] Das Achterwasser lag vor uns unter Eis und Schnee, die See

---

[4] Uwe Kolbe a.a.O. S.10

[5] Uwe Kolbe, a.a.O. S.11

irgendwo jenseits von Bahndamm und Straße. Unter der grauen Windstille war nicht zu ahnen, dass es hier die Insel schon einmal durchtrennen konnte, wenn bei starkem Nordost schwere See über das Land kam. Knapp einhundert Jahre bevor wir hier halbwegs trockenen Winterschuhs Richtung Künstleratelier stapften, war das zweimal geschehen. [.... Wir betrachteten] den S-Bahn-Wagon, der vor vielen Jahren hierher verfrachtet worden war. [...] Nun saßen wir in dem Atelier, über dessen Tür TABU stand, um ungebetene Gäste abzuschrecken. [...] Wir schauten die Bilder an, aufgestellt wie zu einer Ausstellung. [... Ich ahne], dass wir andächtig dort saßen. Otto Niemeyer-Holstein war damals 75 Jahre alt und eine imposante Erscheinung. Die Aura des Künstlers füllte den Raum und erzeugte Zurückhaltung. Die Bilder, nun, sie bildeten etwas ab, das da draußen zu anderen Jahreszeiten anders aussah oder überhaupt erst vorhanden war: Blumen und Sträucher im Garten, die Küste, die Bäume. Mal war es auch eine Figur oder ein Gesicht, dort auf der Staffelei." [6]

Der Junge kennt schon Van Gogh. „Niemeyer-Holstein, in dessen Atelier wir noch immer saßen, hatte, so schien es, van Goghs Bilder auch irgendwann einmal auf sich wirken lassen. Wir [...] hatten vor allem schon Caspar David Friedrich gesehen. Seine Ansichten vom Meer bestimmten das Bild. [...] Friedrichs ‚Eismeer', das Bild mit dem Mönch am Meer, seine Hafenansichten, die Darstellung der Lebensalter vor den stillliegenden Segelschiffen, sie hatten uns

---

[6] Uwe Kolbe, a.a.O. S.13 - ONH war damals nicht 75, sondern 67 Jahre alt.

erwischt. [...] Sie wurden Ikonen des inneren Auges und als solche Begleiter fürs Leben." [7]

Am Abend löst sich der Vierzehnjährige aus der Gruppe der Gleichaltrigen aus Enttäuschung darüber, dass ein anderer ihm das Mädchen weggenommen hat, dem er sich scheu zugewendet hat, „ohne dass es einer gesehen oder geahnt hätte, schon gar nicht sie selbst. [...] Mir war zum Heulen. Ich zog mir die Jacke an, ging hinaus und davon." [8]

„Es war dunkel und kalt. Es war vor allem kalt, eiskalt. Was mir dunkel vorkam, war ein bewegtes, eher mittleres Grau. Die Wolken schienen zum Greifen nah. Sie zogen als Fetzen in allen Schattierungen von Grau über den Spätabendhimmel. Oder vielleicht war es noch gar nicht spät?" Ein eisiger Wind „blies von der See her. Meine Wangen waren schon ganz taub. Ich erreichte die Düne. Es war ein Schock. [...] Was wir in den Tagen zuvor nebenher schön, gewiss sogar beeindruckend gefunden [...], da war es. Unerhört. Unglaublich. Fremd. Erregend."

„Der Himmel stürzte heran. Ich fühlte die Geschwindigkeit der Wolken, sie trieben mir entgegen und über mich hin, als risse jemand die Decke eines geschlossenen Raums rasend fort, das Gewölbe eines Tunnels, der in seinen Ausmaßen alles übertraf. Die Sicht war nicht gut. Es war diesig." Der Junge erfährt [das Eis] als „pure Gefahr", als „pure Erregung [...]. Wenn nun das erste Mal hoch aufgeschobenes Eis vor

---

[7] Uwe Kolbe, a.a.O. S.16

[8] Uwe Kolbe, a.a.O. S.18-19

dir liegt, aufgebrochenes, im Bersten erstarrtes Eis, dann denkst du unvermittelt, das sei ‚wie auf dem Bild von Caspar David Friedrich'. Dabei war das hier selbstverständlich besser, oder nicht? Es war doch ‚das wirkliche Ding'." Der Junge war angezogen „vom Erhabenen", „vielleicht durch die Ikone des Bildes im Kopf verstärkt [...] Das Wirkliche war größer als die Kunst. [...] Aber das Wirkliche war noch größer, weil es die Kunst gab. [...] Ich trat in etwas Gigantisches ein, allein. [...] Mein Privileg war die Einsamkeit. Mein Privileg war das Große und ich, miteinander im Zwiegespräch." Er kämpfte sich vor an die Kante: „die Schroffen und Schrunden der Bruchkanten [...]. Hier konnte dieses Ich der Mittelpunkt sein, alleinsam [sic!], grandios." Eine Scholle kippt und er steht plötzlich im eisigen Wasser. Er erschrickt und findet jetzt „das große Drohende nur noch kalt, nass, schrecklich und stolperte und stakste vorsichtig zurück." Zurück in der Jugendherberge schreibt er sein erstes Gedicht. „Die Überschrift lautete ‚Ich'. Es ging um den Dreiklang von Ich, Eis und See." [9]

OTTO NIEMEYER-HOLSTEIN – LEBEN UND SCHAFFEN AUF USEDOM

Das Grau meines Februartages auf dem zugefrorenen Bodensee und das nächtliche Erleben von Uwe Kolbe am Strand von Usedom stehen in einem gewissen Kontrast zu dem Bild, das Otto Niemeyer-Holstein in „Usedomer Strand

---

[9] Uwe Kolbe a.a.O. S.21-25

im Winter" 1964 malt. Es ist ein Meisterwerk. Ein sonnig kalter Tag, in dem Farbe und Form einander finden.

ONH, Usedomer Strand im Winter /
Eisbarriere am Usedomer Strand", 1964

„Wenn ich [etwas] wirklich erfasse und einen Organismus schaffe, der dem entspricht: da muss die ganze Welt drin sein."   Otto Niemeyer-Holstein

Jedes Jahr auf Usedom führt uns auch nach Lüttenort in das Anwesen, die Galerie des Malers Otto Niemeyer-Holstein. Ich denke, es war das erste Bild, das mich nicht mehr losließ, der „Usedomer Strand im Winter", das auch den weiteren

Titel trägt: „Eisbarriere am Usedomer Strand". Es entsteht im Winter 1964, ein Jahr nach dem Jahrhundertwinter, in dem ich auf Schlittschuhen über den zugefrorenen Bodensee geglitten war. Aber die Winter damals waren kalt, kälter als heute, und so mussten sich auch im folgenden Winter Eisschollen am Strand aufgetürmt haben, die eine zusätzliche Strandbarriere vor der Ostsee bildeten. Anders als in den Schilderungen von Uwe Kolbe aus dem Februar 1963 und meinem Erlebnis im selben Monat am südlicheren Bodensee dominiert hier das Licht, das Farbe in einen durchsonnten Wintertag bringt. Der Maler äußert sich hinsichtlich der Farbe, dass er „sparsam" mit ihr umgehe. Das ist auch sicher richtig, vor allem, wenn man seine Bilder mit denen der Brücke-Maler vergleicht. Er fürchtet die Buntheit, eine Farbigkeit, die nicht von einem Grundklang ausgeht. Darum beginnt er oft mit Ocker, er mischt dann andere Farben mit Ocker, der Lichtfarbe. Starke Kontraste lehnt er ab. Schwarz und Weiß kommen hinzu. Sie erzeugen Konturen, die aber keine Abgrenzungen, sondern Ausdrucksmittel darstellen. Auf diesem Bild trennt er so einzelne Schollen, indem er Schattenräume schafft, die ein wenig von der kubischen Gestaltung eines Lyonel Feininger vorwegnehmen. Das zerbrochene Eis, wird aufgetürmt zu farbig getönten Schollen, an deren Rand die eisblaue See ihre Schaumkronen auf die Schollen wirft. ONH lässt Ocker bernsteinfarben aufleuchten, fügt kleine Reste von Grün hinzu. So entsteht ein Zentrum, von dem aus sich die winterliche blau aus niederem, aber dichtem Baumbestand ausläuft. [10]

---

[10] Achim Roscher, Lüttenort – Geschichten aus dem Leben Otto Niemeyer-Holsteins, (Berlin [2]2009), S.277-279

OHN sieht in seinem Gemälde den „Usedomer Strand im Winter" in einem von Sonne durchleuchteten hellen Licht. Die kubischen Formen, die sich übereinander türmen, bringen eine von der Realität getragene Abstraktion in die Natur. Die Schollen sind wie Eiskristalle ineinander verhakt. Man hat Otto Niemeyer-Holstein zum Expressiven Realismus gezählt, der das impressionistische Erbe und die Klassische Moderne um Paul Cézanne in seiner einzigartigen Malweise umsetzt.

Das Thema „Vereiste Ostsee" wird von Beginn der 1960er Jahre an zu seinem bevorzugten Thema. Doch schon 1955 malt er „Vereister Strand" und zwei Jahre später „Vereiste Mole", wo der Aufbau schon an das Sommerbild vom „Boddenufer" von 1956 anknüpft. [11]

Otto Niemeyer-Holstein (1896-1984)

„Jedes wirkliche Kunstwerk hat seine Begründung im Leben [...]. Große Kunst ist verwandeltes Leben." Marianne von Werefkin [12]

---

[11] Otto Niemeyer-Holstein, Lüttenort – Eine Bilderwelt (Lüttenort 2021), S.9 Abbildung des Bildes „Usedomer Strand im Winter" / Eisbarriere am Usedomer Strand", 1964, Bilderwelt a.a.O. S.24

[12] Achim Roscher, a.a.O. S. 82

Otto Niemeyer-Holstein wird im Folgenden stets mit ONH abgekürzt wiedergegeben.

Herkunft, Kindheit und Jugend – Beginn eines Malerlebens

Otto Niemeyer wird am 11. Mai 1896 als fünftes Kind seiner Familie in Kiel geboren, *um fünf Uhr als die Drossel sang*. So beginnen die jährlichen Geburtstagsbriefe der Mutter an den Sohn. Der Vater ist ein prominenter Völkerrechtler. Nach der Emeritierung schreibt er eine ausführliche Geschichte der Stadt Rom. Der Sohn spricht ihm hohe Tugenden zu wie „Wahrheitsliebe, Gerechtigkeitssinn, Ritterlichkeit, Diplomatie". Doch wird er sich später beklagen, dass der Vater zwar an Kunst interessiert gewesen sei, aber nichts darüber zu sagen wusste. [13]

Seine Mutter kommt aus wohlhabendem Haus. Es gibt eine umfangreiche Bibliothek. Musik spielt eine große Rolle. Man engagiert Künstler für Hauskonzerte. Die Familie ist aktiv am kulturellen Leben beteiligt. Umgeben von Kultur und Kunst wächst er als Zweitjüngster unter fünf Geschwistern auf.

1908, er ist jetzt zwölf Jahre alt, fährt er mit seiner Mutter nach Berlin. Der Anlass der Reise war sicher ein geschäftlicher, meint er später, dennoch hat er in der Erinnerung den Eindruck, dass sie nur in Museen gewesen seien, vor allem in der Nationalgalerie. Er erinnert sich vor allen an Bilder von Max Liebermann und Adolf Menzel. Und in diesem Zusammenhang ist es Menzels „Balkonzimmer", das den Jungen nicht mehr loslässt. Auch später, als er in Berlin wohnt, steht er immer wieder vor diesem Bild. Es stört ihn

---

[13] Achim Roscher, a.a.O. S.41

nicht, dass es eigentlich nicht ganz fertig gemalt war, so dass man die ganze linke Seite nur durch die Reflexion des Spiegels auf der rechten vermuten kann. Es ist „die seidige Harmonie des Lichts", die sich im Spiegel bricht, die den späteren Maler begeistert. [14]

Otto ist kein guter Schüler, hat Schwierigkeiten sich einzufügen, vergleicht sich auch schon mal mit dem jungen Hesse und dessen Biografie „Unterm Rad". Er ist froh, die Schule mit dem Einjährigen verlassen zu können. Bei Ausbruch des Ersten Weltkriegs tritt er, auf Anraten des Vaters, als Freiwilliger in die Armee ein. Nach der Ausbildung kommt er nach Polen. Vor Warschau gerät er in ein Inferno, das ihn tagelang in ein Koma versetzt, ihn schwer traumatisiert. Er ist nun untauglich für den Wehrdienst. Später wird er sagen: Es war „eine Krankheit, deren Ursache nicht in mir lag". [15]

---

[14] Als ich am Ende meiner Schulzeit, auch mit Klassenkameradinnen, in Berlin war, hat mich dasselbe Bild von Menzel angezogen. Ich hatte am selben Tag zum ersten Mal Bilder der Impressionisten im Original gesehen und hatte etwas von der Enttäuschung gespürt, die wohl die ersten Betrachter dieser für die damalige Zeit ungewöhnlichen Bilder verstört hatte. Auch ich war schockiert, ich kannte solche Bilder nur von Abbildungen, und die Malweise empfand ich als roh, grob, kurzum gewöhnungsbedürftig. Im Kontrast dazu fand ich das Duftige, Zarte des wehenden Vorhangs, die geglättete Darstellungsweise, umwerfend schön. Ähnlich wie der zwölfjährige ONH, nehme ich an.

[15] Achim Roscher a.a.O. S.43

Der Vater schickt ihn mit Hilfe des Roten Kreuzes zur Behandlung in die neutrale Schweiz, ohne erkennbaren Erfolg. Der Junge ist dem Selbstmord nahe, greift schließlich zur Selbsthilfe, die er darin sieht, irgendetwas intensiv zu tun. Er beginnt zu zeichnen. Er wird bis ins hohe Alter versuchen, jeden Tag zu arbeiten. Das hat ihn als junger Mensch gerettet, und er hat es nicht vergessen. Er lernt einen Schriftsteller kennen, Werner von Schulenburg, der „seinem Leben eine entscheidende Richtung" gibt. Beeindruckt von einem Bild schickt Schulenburg ihn nach Ascona. Er ist es auch, der dem jungen Talent rät, seinem Familiennamen die Bezeichnung seiner Herkunftslandschaft anzufügen. Von nun an also: Niemeyer-Holstein.

Auf dem Monte Verità oberhalb von Ascona hatten sich in meist primitiven Unterkünften Künstler, überhaupt Menschen mit durchaus unterschiedlichen urkommunistischen, sozial- und lebensreformerischen Ansichten niedergelassen. Ursprünglich hatte Bakunin dort das „Kapital" ins Russische übersetzt und seine Ideen von einer Veränderung der Gesellschaft in die Wege geleitet. Es findet sich dort ein sehr buntes Völkchen, das dem jungen Niemeyer Anregungen bietet, ihm aber auch die Freiheit lässt, die er braucht. Er bewohnt ein Zimmer bei einer russischen Baronin, die sich mit Okkultismus beschäftigt. Dort lernt er auch seine erste Frau, die Sängerin Hertha Langwara, kennen, die er 1920 heiratet. Ein Jahr später wird der gemeinsame Sohn Peter geboren. Die Ehe scheitert. 1925 kommt es zur Scheidung.

Eines Tages kommt ein Besucher in der Absicht, den jungen Mann kennen zu lernen. Es ist Alexej von Jawlensky. Er soll sich lange vor Niemeyers Bildern aufgehalten und dann gesagt haben: „Junger Mann, werden Sie Maler!" Wohl ein entscheidender Moment in Otto Niemeyer-Holsteins Leben.

Während der Weimarer Bauhausausstellung 1923 begegnet der junge Mann Paul Klee und Lyonel Feininger. Er knüpft Kontakte, unter anderem auch zu Clara Westhoff, Rilkes Frau. Gemeinsam mit Marianne von Werefkin, Jawlenskys „Lebensmenschen", und anderen Künstlern kommt es zur Gründung einer Künstlergruppe und zu gemeinsamen Ausstellungen.

1926 lernt er seine zweite Frau Dr. Annelise Schmidt kennen, die er im Jahr darauf heiratet. Sie wohnen in Berlin. 1933 kommt Usedom ins Spiel, wo sie mit dem Segelboot, dem „Lütten", das Vater Niemeyer seinen Kindern gekauft hatte, landen. Der Ort ist eine unwirtliche Brache an der schmalsten Stelle der Insel, zwischen Ostsee und Achterwasser. Sie nennen ihn „Lüttenort"[16] nach dem kleinen Segelboot, das sie hierher gebracht hat. Ein ausrangierter Berliner S-Bahn-Gepäckwagen wird zur Urzelle einer Bleibe für den Rest des Lebens.

„Lüttenort" – Wohnen und Schaffen

Die Urzelle auf Lüttenort wird zu klein. Sie muss vergrößert werden, es leben dort zeitweilig bis zu 16 Menschen. Annelises Mutter ist Jüdin und wird 1936 in Lüttenort einquartiert, zu ihrer Sicherheit. Also wird 1936 mit dem ersten Haus begonnen, das sich aber rasch auch als zu klein erweist.

---

[16] „Lütter": Der Kleine

1937 wird Sohn Günter geboren. 1939, als die Schwiegermutter versteckt werden muss, folgt das zweite größere Haus, das Döns. Der Gepäckwagen bildet nun den Durchgang zwischen den Häusern. Doch dazu muss die Stahlwand des S-Bahnwagens durchbrochen werden. Mühsam wird das Material zum Bauen besorgt: „Das Haus überm Haus: ein paar Sack Zement, Steine, ein altes Fenster, eine Tür. [...] Ziegelsteine aus dem Abriss in Wolgast, auch Fenster (die meisten Häuser waren aus Lehm)" wurden organisiert. Es ist schwierig und gefährlich, denn es wird ein Postenhäuschen in unmittelbarer Nähe installiert. Peenemünde ist nicht weit weg und militärisches Sperrgebiet. Dort arbeitet Wernher von Braun an der V2. Es ist ein Vabanquespiel mit ungewissem Ausgang. [17]

---

[17] Achim Roscher a.a.O. S. 26ff.

Dennoch entsteht das zweite Haus, das Dönshaus. Die Döns ist das Haus mit der guten Stube. Der Künstler erklärt: „Die Döns ist das Herz von Lüttenort. Die Einbauten sind an die zweihundertfünfzig Jahre alt. Mein Vater kaufte sie schon als Antiquitäten. Damals war es noch nicht so große Mode, alte Stücke zu erwerben und zu bewahren. Die Löffel mit den Halbedelsteinen, die am Kaminofen hängen, hat meine Mutter gesammelt. Auf der Sitzbank liegt ein Kissen mit der eingewebten Jahreszahl 1810. Die Möbel sind aber älter. Solide nordfriesische Tischlerarbeit. Die Schränke waren Alkoven; eine sinnvolle Einrichtung; am Tage verschwinden die Betten im Schrank." [18]

Als der Vater des Künstlers von Kiel nach Berlin zieht, wird die Döns dort wieder eingebaut. Nach dessen Tod kommt das Inventar nach Lüttenort. 1939 im tiefsten Winter kommt dieses Mobiliar dort an. Im Messing der Beschläge spiegelt sich am 24. Dezember das weihnachtliche Kerzenlicht des schmiedeeisernen Leuchters. Es ist ein stilisierter Christbaum aus einer norddeutschen Kirche. Die Delfter Kachelwand umfasst den Kamin in der Ecke. Sie wirkt als belebendes Pendant zur Alkoven-Schrankwand gegenüber. Zwei junge Malerfreunde, Oskar Manigk und Matthias Wegehaupt, malen die Decke mir einem Sternzeichenhimmel aus, was zunächst für Irritation sorgt, dann aber angenommen wird.

Erwähnen sollte man ein kleines Bild neben der Tür, eine rote, schon welkende Tulpe in einer japanischen Vase. Man könnte sie auch mit „Sterbende Tulpe" (1945) [19] betiteln. Sie scheint eine Reaktion auf den Tod des Sohnes Peter (1944)

---

[18] Achim Roscher a.a.O. S. 33
[19] Abbildung in Katalog - Lüttenort a.a.O. S.51

zu sein, vielleicht unbewusst gestaltet. ONH sagt ja von sich, dass er nicht vom Gedanken ausgeht, kein Zeichen setzen will, sich so etwas aber von selbst ereignen kann. Das Ehepaar hatte den Sohn aus erster Ehe gleich nach der Heirat zu sich genommen wie einen gemeinsamen Sohn, als der Mutter das Sorgerecht genommen worden war.

Was, wenn nicht ein Zeichen ist die Wetterfahne auf dem Dönshaus. In einer stilisierten Palette gefangen ist kein Teufelchen, so erschien es mir zuerst, sondern eine Erzählung, freilich sehr verkürzt und deshalb vieldeutig. Eine fragmentarische Person aus Händen und Füßen, unter dem Augenpaar vielleicht eine überproportionale Zunge. Diese schwer festzumachende Szene oder Figur wird eingerahmt von einer Frauengestalt und einem Stier. Wird hier der Mythos von Zeus und Europa einer Metamorphose unterworfen? Eine weitere Wetterfahne zeigt ein geflügeltes Pferd. Ist es Pegasus, der über der Kreativität des Malers wacht?

Wie schon erwähnt, war der Ort, auf dem das Anwesen der Niemeyers entstehen sollte, Brachland, schon zweimal überschwemmt: „'n Sandfleck: kein Baum, kein Strauch, nicht mal ordentlicher Mutterboden." [20]

Daraus einen Garten zu gestalten, das ging nur mit großer Anstrengung. Auf einer Insel im Lago Maggiore hatte ONH „eine Kombination von Kulturgarten und natürlichem Park" gesehen. Ihm schwebte vor, Natur und Kunst in eine spannungsvolle Beziehung zu bringen, Plastiken zwischen Bäume zu setzen, mit Mauern eine Gliederung zu vollziehen, „eine Ordnung im Noch-nicht-Geordneten" zu schaffen. Ähnliches hatte der Bankier Eduard von der Heydt geplant, als er 1926 den gesamten Monte Verità kaufte.

Heute ist der Garten in verschiedene Sektoren geteilt, die alle ihren eigenen Charakter haben und sich schmücken mit Plastiken der Künstlerfreunde, geschenkten und durch Tausch erworbenen Werken. Im vorderen Garten empfängt den Besucher die *Große Stehende* von Wieland Foerster. Ein kleiner japanischer Garten liegt links davon. Durch eine Rosenpergola geht man dann auf das Dönshaus zu, biegt ab nach links und dann nach rechts. An der Kreuzung der Wege befindet sich „die Kopie eines griechischen Schwertkämpfers, umrankt vom Baumwürger wie Laokoon von der Schlange, ein Erbstück aus väterlichem Besitz. Gleich darauf steht man vor dem TABU, OHNs späterem Atelierhaus, in einer ehemaligen Scheune untergebracht.

---

[20] Achim Roscher a.a.O. S. 11

Das TABU

Lange hatte ONH sein Atelier im Haus – das Ati – „da fanden Gespräche statt, da wurde musiziert, weil dort der Flügel steht, in diesem Raum schlief ich auch."

Atelier und Schlafkoje in einem Raum, das betrachtet er als Notlösung, mit der er 30 Jahre leben musste. Später lässt er im Schuppen einen großen Raum ausbauen, das TABU. Der große, durch eine Fensterwand zum Garten hin geöffnete Raum wird zum Lieblingsort des Malers. Hier kann er ungestört arbeiten, der Raum ist sozusagen *tabu* für andere. Hier trägt er auch „seine Kämpfe aus", die mit der Leinwand und dem Sujet. Auch heute darf der Besucher, die Besucherin, nur während einer Führung das Atelier betreten, die kleine Druckerwerkstatt, die Galerie, die auch eine Sammlung asiatischer und archaischer Kunst einschließt.

Atelier des Malers Otto Niemeyer-Holstein

Der verbotene Blick
ins Innere – das Atelier des Malers –
hier dringt der Garten ins Zimmer
und verbindet Räume –
eine Symbiose von
Außen und Innen.

Die breite Fensterfront seines Ateliers erlaubt von außen einen vagen, ungenauen Blick nach innen, so dass das Innen in einem Spiegelbild aufgeht. Der Maler drinnen erlebt aber auch eine Öffnung nach draußen, so dass sich Innen und Außen zu einem einzigen Raum verbinden. Die kleinen Figuren auf dem Fensterbrett, die Malutensilien auf dem Tisch davor sind Übergänge, eine Verbindung nach draußen. Gemalt wird auf beiden Seiten des Fensters. Welch ein Kontrast zu dem kargen Atelier von Caspar David Friedrich!

Früh schon erwirbt ONH Bilder von befreundeten Malern, oft im Tausch gegen eigene. Mit der Zeit wird die Sammlung umfangreicher, und so wird das ehemalige Zimmer des Sohnes Günter neben dem TABU zur Galerie der Freunde. Es ist eigentlich ein recht kleiner Raum, und so hängen die Bilder denn eng neben- und übereinander, und irgendwie vertragen sie sich auch, meint der Maler. Sind die Bilder befreundet wie die, die sie geschaffen haben? Zu den Bildern kommen schließlich auch Plastiken, die größeren stehen im Garten an passender Stelle. Zweimal begegne er so sich selbst, „einmal im Atrium, dem Bronzekopf, den Wieland Foerster modelliert hat." Wenn er aus dem Fenster seines Ateliers schaut, blickt er auf das Fragment seines

Kopfes, das Peter Makolies aus Diabas geformt hat. Makolies, der in Dresden wohnte, hatte das Ehepaar Niemeyer zum Besuch eines Steinbruchs in der Sächsischen Schweiz eingeladen. Dort arbeitete er an einem großen Block. „Während der Fahrt, er saß am Steuer, riss er immer mal den Kopf herum und betrachtete mich kurz. Bei der kurvenreichen Straße! Hinterher

sagte er, dass er vielleicht was aus mir machen wolle'". Der fertige Kopf, eigentlich ein „Ausschnitt meines Kopfes, Konzentration auf die Gesichtspartie vom Hals bis zu den Augenbrauen, ein gutes Beispiel, wie aus einer Reduktion eine Verstärkung entstehen kann." [21]

Zum Achterwasser hin ist das Grundstück von einer Mauer eingefasst, der Klostergarten, von dem aus sich die Urzelle öffnet, die auch zum Dönshaus führt. Vor der Urzelle ist ein dem Süden nachempfundener ehemals offener Raum, das ‚Atrium', in dem empfindliche Pflanzen überwintern, wo ein Olivenbaum den Lichthof überdacht, wo in der ‚Vigna' Hibiskus und Affenbrotbaum gedeihen. Hier grenzt für den Künstler der Norden an südlichere Gefilde, die ihn mit seiner Jugend, den Anfängen seines Künstlerseins in der Schweiz verbinden. Er selbst sagt über sein Werk, dass es sich „aus

---

[21] Achim Roscher a.a.O. S.203

der Spannung zwischen rauher Nördlichkeit (Meer) und südlichem Flair (Garten)" entwickelt habe. [22]

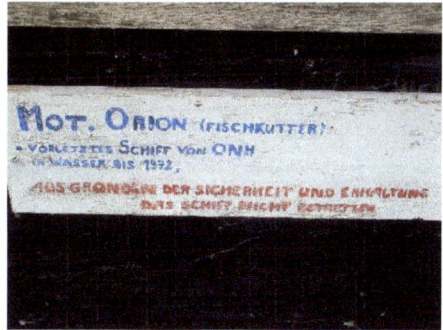

Am Achterwasser aufgebockt ist ONHs letztes Schiff, die „Mot-Orion", die motorisierte Version des früheren Schiffes „Orion". Nach dem Krieg, „als die Lebensumstände langsam wieder besser wurden, kamen die ersten Sommergäste. Aber wir lebten immer noch von der Hand in den Mund, es war alles rationiert, Bilder verkaufte ich wenig.

---

[22] Achim Roscher a.a.O. S.280

Bilder waren Luxus, und wer konnte sich den schon leisten damals." Mit der damaligen nicht-motorisierten „Orion" war die Familie bei gutem Wetter aufs Achterwasser hinausgefahren. Also war die Idee nicht abwegig, auch Badegäste einzuladen, was zum Einkommen der Familie beitrug. Das Geschäft lief und der Maler konnte seinen ursprünglichen Spitznamen „Käpt'n" mit Fug und Recht tragen. [23] – An vielen Stellen im Garten finden sich auch Dinge, die das Meer an Land gespült hat, Bojen, Anker, Seilwinde, vom Salzwasser gebleichte Planken eines gesunkenen Schiffes.

Zu Achim Roscher sagt der Maler einmal: „Weißt du, seit wann es uns richtig gut geht? … seit fünfzehn [Jahren] höchstens. […] Und richtig losgelegt mit dem Malen hab ich überhaupt erst nach dem Krieg fünfundvierzig." [24]

Heute hält eine schöne Galerie das Werk von Otto Niemeyer-Holstein lebendig.

---

[23] Achim Roscher a.a.O. S.166
[24] Achim Roscher a.a.O. S.303

(1896–1984)

Hommage an Otto Niemeyer-Holstein

Wanderung auf seinen Motiven

© Museum Atelier Otto Niemeyer-Holstein, Lüttenort | Koserow, Tel. 038375/20213
Atelier-ONH@t-online.de | www.atelier-otto-niemeyer-holstein.de

Plakat zur Ausstellung der Galerie Otto Niemeyer-Holstein
in Lüttenort im Sommer 2021

ONH, „Ablage im Schnee" (Lüttenort), 1953

Wie ist sein Werk einzuordnen? ONH gehört zu der Generation der um 1900 Geborenen, die vom Ersten Weltkrieg elementar betroffen waren und als junge Künstler durch den Nationalsozialismus in ihrer Entwicklung gehemmt, unterbrochen wurden, deren Werke als „entartet" verboten, beschlagnahmt wurden oder in den Bombennächten des Zweiten Weltkriegs verloren gingen. Man hat mit Hemingway von einer „Verlorenen Generation" gesprochen. Richtig ist, dass diese Künstler nach dem Krieg nicht gleich an eine Entwicklung anknüpfen konnten. Zwischen Realismus und Abstraktion pendelt ONH hin und her, dabei nimmt er das Farbkonzept der Expressionisten in abgeschwächter Form auf, geht aber stets vom Gegenstand aus, auch wenn er sich in seinen späten Werken, vom Impressionismus angeregt, weitgehend von klaren Konturen löst. Die Kunstkritik hat dafür den Begriff des „Expressiven Realismus" geprägt. [25]

Das Sehen ist für ONH der erste Schritt. Morgens beim Gang in den Garten sieht er Bilder, beim täglichen Strandgang auch. Beim Sehvorgang findet schon eine Auswahl statt. Gleichwohl füge er hinzu, was er weiß. Das Gesehene ist von ihm Empfundenes. Das Wahrgenommene wird so verwandelt und entspricht nicht mehr einem reinen Abbild. [26]

Das Zeichnen ist wichtig, aber nur ein vorbereitender Schritt. Er sagt dazu: „Das Zeichnen ist für mich in erster Linie eine Möglichkeit der Selbstverständigung. Ich zeichne, um

---

[25] Otto Niemeyer-Holstein, Lüttenort – Eine Bilderwelt / Katalog (Lüttenort 2021), S.9
[26] Achim Roscher a.a.O. S.275

mir über Fragen klar zu werden. [...] Natürlich zeichne ich viel vor der Natur – aber letztlich mehr im Hinblick auf das Malen. Für mich – und das gilt nur für mich – ist auch der Kohlestift vor allem ein Werkzeug zum Malen." Und entscheidend ist dabei für ihn der erste Strich, von ihm ist jeder weitere abhängig. [27]

Er zitiert Marianne von Werefkin mit ihrer Äußerung über das Licht in seiner Funktion für die Farbe, die sich mit seiner Auffassung deckt, dass die Farbe mit ihrem Eigenwert auch über die Form entscheide, der Zeichnung nur eine dienende Funktion zukomme. [28]

Selbstbildnisse - Gemälde

ONH glaubt, dass ein Selbstporträt stets in einer für den Künstler schwierigen Zeit entsteht. Es stellt den Versuch dar, mit sich ins Klare zu kommen. Es geht um eine Zwiesprache mit dem eigenen Wesen. Ein Selbstporträt beruht auf einer geradezu intimen Begegnung. Er selbst bevorzugt das Wort ,Bildnis' gegenüber dem ,Porträt'. Vielleicht sieht er in ,Bildnis' die Wahrnehmung des Künstlers vom Wesen der dargestellten Person stärker ins Blickfeld gerückt. Die Fotografie habe den Maler glücklicherweise vom bloßen Abbilden befreit. [29]

---

[27] Achim Roscher a.a.O., S.275, S.278
[28] Achim Roscher a.a.O. S.82
[29] Achim Roscher a.a.O. S.205

ONH, „Selbst", 1926 sollte wohl mit Abstand betrachtet werden. In der Nähe löst es sich auf in Farbtupfer, die dem Bild einen impressionistischen Touch geben. [30]

Das Bildnis des jungen Malers wirkt noch vage, unvollständig, die Gesichtszüge bleiben verwischt, verschwommen. Wollte er seine Konfusion, seine Verwirrung darstellen oder musste er es gar? Ocker ist der Grundton. Mit dem, so sagt er später, beginne er meistens. Es wird noch dauern, bis er seinen Stil, seine Art, Reales in Kunst umzusetzen, gefunden haben wird. Noch scheint der junge Mann auf der Suche.

ONH, „Selbst mit Pfeife", 1927 zeigt den jungen Maler mit fast völlig verschattetem Blick. Nur die linke Wange zeigt reflektiertes Licht, das vom Hintergrund seine Leuchtkraft erfährt. [31]

OHN, „Selbstbildnis", 1930 [32]

Hier blickt ein noch junger Mann in einen Spiegel, der links aufgestellt sein muss. Kritisch, ja geradezu verdrossen, ist sein Blick. Sieht man von der leuchtend hellen Stirn und dem Nasenrücken ab, so ist sein Gesicht verschattet gegen einen hellen Hintergrund. 1927 heiratet er Annelise Schmidt, die er im Jahr zuvor kennen gelernt hat. Auch begegnet er zwei wichtigen Weggefährten: Otto Manigk und Herbert

---

[30] Abbildung im Katalog – Lüttenort, a.a.O. S.54
[31] Abbildung im Katalog – Lüttenort, a.a.O. S.45
[32] Abbildung in Achim Roscher a.a.O. S.112

Wegehaupt. Ein Ausflug mit dem Segelboot „Lütter" führt ihn zur Insel Usedom, die malerisch zu seiner hauptsächlichen Inspirationsquelle werden wird. Was lässt ONH so kritisch in die Welt blicken? Es ist 1929 oder 1930, als er und seine Freunde in Berlin in eine Kundgebung geraten. „Wo wir standen, wussten wir schon, aber wir wussten nicht recht, was wir tun sollten." [33]

ONH, "Selbstbildnis" , 1943 [34]

Mehr als zehn Jahre später ist sein Gesicht als Ganzes im Schatten. Der Blick fällt nach rechts (vom Betrachter aus gesehen), und nur der Hintergrund ist hell. Seine rechte Hand liegt ausgestreckt auf seiner Brust. Es ist, als sei er gerade hinter einem hell geblümten Vorhang hervorgetreten, vorsichtig, als müsse er auf der Hut sein. Sein verschattetes Gesicht blickt sorgenvoll. Die Schatten der Zeit scheinen auf seinem Antlitz zu lagern. Inzwischen geht der Zweite Weltkrieg in sein viertes Jahr. Ein Bombenangriff hat sein Atelier in Berlin durch einen Schwelbrand völlig zerstört. Dort lagernde Bilder gehen verloren. Seit 1933 lebt das Paar mit Peter, dem Sohn aus erster Ehe des Künstlers, ein zurückgezogenes Leben auf Usedom. Seine Frau zählt als Halbjüdin zu den gefährdeten Personen. Annelises Mutter ist Jüdin und wird in Lüttenort versteckt.

---

[33] Abbildung in: Achim Roscher, a.a.O. S.114
[34] Abbildung in: Achim Roscher a.a.O. S.151

OHN, „Selbstbildnis", 1970 [35]

Das Selbstporträt fällt ein wenig heraus aus der Reihe. Ungewöhnlich ist schon das Querformat, das der ockerfarbenen Jacke viel Platz einräumt. Diese größere Fläche schafft eine gewisse Ruhe gegenüber dem Hintergrund aus roten Strichen, die unterschiedlichen Zeichen gleich den Hintergrund füllen. Zeichen, die zwar unlesbar sind, doch suggerieren, dass hier eine Geschichte erzählt wird. Zudem besteht das Bild fast ausschließlich aus warmen Farbtönen, sieht man von einem hellblauen Halstuch ab, dem ergrauten Haar. Als Gegengewicht zum Kopf rechts oben

---

[35] Abbildung in: Katalog zur Ausstellung in Rostock 2011: „Otto Niemeyer-Holstein – Werke aus fünf Jahrzehnten"

fungiert die voll dargestellte Hand links unten im Bild. Auch scheinen die Augen auf den Betrachter gerichtet. Es ist ein 7/8-tel Porträt. Im Lebenslauf steht für 1970: „Der Staatssicherheitsdienst der DDR formuliert den Verdacht auf landesverräterische Agententätigkeit und staatsfeindliche Hetze. Observierung bis Lebensende."

ONH, „Selbst mit Pelzmütze", 1958 [36]

---

[36] Abbildung im Katalog – Lüttenort, a.a.O. S.62

Ernst, aber selbstbewusst blickt der Maler aus dem Bild. Im Hintergrund sind Fenster des S-Bahnwagens, die zur Hellig-keit beitragen. Jetzt ist das Gesicht des Malers nicht (mehr) verschattet, die Gesichtszüge sind deutlich herausgear-beitet, die Augen blicken kritisch, doch scheint er mit sich im Reinen. In diesem Jahr reist er ins Tessin und damit in seine Vergangenheit, in ein früheres Leben, dorthin, wo wichtige Entscheidungen fielen. Dort trifft er Werner von Schulenburg, der ihn einst nach Ascona geschickt hatte, wodurch seine Zukunft angebahnt war. Er trifft HAP Gries-haber auf der Achalm bei Reutlingen, den Holzschneider, mit dem ihn offenbar einiges verbindet. Er kann seine Bilder an verschiedenen Orten ausstellen.

ONH, „Selbstbildnis mit Brille, 1983 [37]

Der Maler, ein Jahr vor seinem Tod, wirkt hier beruhigt, introvertiert. Die vorsichtige Art der Darstellung gleicht Zeichnungen, die er in den späten Jahren anfertigt, wo der Kohlestift und der Pinsel sich in der Methode kaum mehr unterscheiden. Es geht eine Gelassenheit von dem Porträt aus, ein Sich-ins-Leben-Fügen, ein Bereit-Sein, das sonst nicht in dieser Form auftaucht.

Bildnisse und Stillleben

Bei Porträts von Personen ist ONH sehr zurückhaltend, wartet ab, bis die sich entspannen, sich natürlich verhalten, eine ihnen gemäße Haltung einnehmen. Das gilt auch bei

---

[37] Abbildung im Katalog – Lüttenort, a.a.O. S.64

Ölbildern wie das von „Karl Buttmann", 1970, [38] wo der impressionistische Touch wieder deutlich zu Tage tritt, wo die Art, wie er ein Porträt zeichnet, durchaus verwandt scheint.

„Wenn ich einen Menschen male, will ich sein Wesen wiedergeben, das, was seine Persönlichkeit bestimmt. Da kann ich von äußeren Merkmalen nicht absehen, charakteristische Züge gehören notwendig ins Bild. Aber absolute Porträtähnlichkeit ist nie mein Ziel." Und er fügt hinzu, dass er überhaupt nur Menschen malen könne, mit denen sich die Möglichkeit einer Zwiesprache ergebe. Beim Porträtieren braucht er die Unmittelbarkeit der Begegnung. Deshalb malt er in der Regel Freunde, Menschen, die er kennt. [39]

ONH, „Annelise", 1930 [40]

Er kennt seine Frau nun vier Jahre und malt sie im Stil der Neuen Sachlichkeit. Sie erscheint in sich ruhend, doch auch über ihrem nach vorn geneigten Antlitz liegt ein Schatten. Es ist die Zeit, in der Stillleben entstehen wie das „Pinselstillleben" von 1929, das an Giorgio Morandi denken lässt, wo die Dinge ganz bei sich sind, doch zugleich als Porträts erscheinen, indem sie über ihre Dinghaftigkeit hinausgreifen. Ähnliches gilt für die „Schuhe" von 1930, die zum Teil einer Person werden, Lebensgeschichte darstellen, ohne verbal in Einzelheiten zu gehen. In diesem Zusammenhang kann man auch an das schon erwähnte Bild „Tulpen in japanischer Vase" (1945) denken.

---

[38] Abbildung in: Achim Roscher a.a.O. S.267
[39] Achim Roscher a.a.O. S.205f.
[40] Abbildung im Katalog – Lüttenort, a.a.O. S.104

Der Vorgang des Sehens ist für ONH wesentlich. Er geht nicht aus vom Gedanklichen, dennoch kann die Darstellung eines Gegenstandes über diesen hinausweisen. Doch dieser Symbolcharakter ergibt sich erst sekundär, steht bei ihm nicht am Anfang. Aber dem Unbewussten des malerischen Auges ist er wohl nicht entgangen. Manchmal weisen die Titel, im Nachhinein hinzugefügt, wie „Gestürzter Baum" oder „ Zerschossener Baum" (1945) auf ein Geschehen, einen gedanklichen Hintergrund hin. Ähnlich sind die Titel „alter Baum", „abgebrochener Ast", „aufbrechendes Eis", die an Parallelen zum menschlichen Leben denken lassen, ohne dies zu forcieren. Ähnliches geschieht auch bei Caspar David Friedrich, dem Maler der Romantik.

Zeichnungen

ONH zeichnet gern mit einem langen Rohr, das den Kohlestift um dreißig, vierzig Zentimeter verlängert. [41] Auf diese Weise entstehen die zarten Punkte und kleinen Striche, das vorsichtig Angedeutete, Unbestimmte, das dann doch zu einem authentischen Bild oder auch Bildnis führt. Der Betrachter mag in gewisser Weise an Alberto Giacometti erinnert werden, der auf seine Weise vorsichtig an seine Porträts heranging, mit immer neuen Linien die Gesichtszüge, vor allem die Augen umkreiste und stets mit dem Scheitern kämpfte, es als notwendig in Kauf nahm. ONH spricht ja auch von seinen Kämpfen mit der Natur und dem Bild, dem

---

[41] Abbildung im Katalog – Lüttenort, a.a.O. S.104

Umsetzen des Realen in ein Bild. Doch sind solche Bildnisse von ONH ruhiger, vielleicht auch gelassener.

Mit einem auf solche Weise verlängerten Kohlestift arbeitet er 1968 an einem Porträt eines Freundes („Karl Foerster II").

ONH, „Karl Foerster II", 1968 [42]

---

[42] Abbildung in Achim Roscher a.a.O. S.199

Achtsam und mit fast nur angedeuteten zarten Punkten schafft er ein äußerst sensibles Gesicht, das uns authentisch erscheint, dem Gezeichneten jedoch keine Identität überstülpt.

Ähnliches ließe sich über ein Porträt des Malers von „Inge Keller I", 1970,[43] sagen, eine nachdenkliche, sinnende Frau, die, eine Hand ans Kinn gelegt, ins Unbestimmte schaut.

Max Uhlig, „Bildnis ONH"", 1971 (Tusche, Pinsel auf Papier)[44]

---

[43] Abbildung in Achim Roscher a.a.O. S.226
[44] Abbildung im Katalog – Lüttenort, a.a.O. S.14

Auf dem Gesicht liegt so etwas wie eine Textur, eine geheime Schrift, die nichts verrät und doch beredtes Zeugnis ablegt, als wäre es aus einem Versuch hervorgegangen, Schicksal aus der Hand zu lesen, wenn denn die fließende Lineatur, die sich Tränen gleich über das Gesicht zieht, ein inneres Antlitz darstellt. Ein Gesicht, das geprägt ist von Geschehenem, das nicht auszulöschen ist und nun im Akt des Malens, im Dialog mit Meer, Natur und bestimmten Menschen ertragen werden kann.

ONH, „Selbst" 19.5.80 [45]

---

[45] Abbildung im Katalog – Lüttenort, a.a.O. vorne

Wild, geradezu hingeschmissen sind die dichten Kohle-
striche - so vergleichbar mit Pinselstrichen - eines skizzen-
haften Porträts, das mit einem präzisen Datum, dem
19.5.80, versehen ist. Dicke, temperamentvolle Hiebe
erzeugen auf der linken Gesichtshälfte dichte Schatten.
Beschattet aber ist auch die andere Hälfte, als habe den
Künstler gerade eine tiefe Traurigkeit ergriffen. Ein Mund-
winkel ist nach unten gerutscht. Was mag ihn so ergriffen
haben? Ist es die Erkenntnis der eigenen Endlichkeit?

ONH „Selbst mit Pelzmütze", 1.2.1984 [46]

---

[46] Abbildung in Achim Roscher a.a.O. S.270

Das Bild ist wie aus der Ferne gezeichnet, Abstand zu sich selbst nehmend. Vorsichtig setzt er zarte Striche, die sich dann verdichten. Es entsteht etwas Zartes, Unbestimmtes, das doch zu einem authentischen Bild führt. Die Gesichtszüge erscheinen ein wenig verwischt, als wäre der zeichnende Mensch sich doch nicht so sicher, fände es geradezu vermessen, zu eindeutigen Lösungen, Urteilen zu gelangen. Der Maler spricht ja auch von seinen Kämpfen, die er beim Zeichnen und Malen mit dem Gegenstand auszufechten hat. Diese Art der Auseinandersetzung ereignet sich bei ONH bis zum letzten Moment.

Kurz darauf, am Todestag des Malers, dem 20. Februar 1984, steht auf der Staffelei in seinem Atelier ein unvollendetes Selbstbildnis in Öl. Unvollendet wie der Tod wohl einen jeden, eine jede von uns hinterlässt. Und doch ist es bezeichnend für den Maler, dass er sich bis zuletzt Klarheit verschaffen wollte über sich. [47]

„Strandgänge" – das Tagebuch des Malers

Des Malers Motive – Zeichnen und Malen

„Wenn ich morgens aufwach, was seh ich? Ungemalte Bilder, noch nicht Erlebtes." Es folgt "ein bewusstes Bilderleben". Das beginnt morgens im Garten und führt zu den täglichen Strandgängen über den Deich, den Dünengürtel zum Strand. Überall sieht der Maler Bilder. Die See nennt er „seine Geliebte", den Garten „ihren Bruder, den ich nicht minder liebe". Letzterer ist ja auch von Anfang an sein

---

[47] Bildtafel in: Achim Roscher a.a.O. bei S.129

Werk: „Ein lieblicher südlicher Garten in der rauhen Nördlichkeit." Gartengestaltung, meint ONH, habe viel mit Kunst
zu tun. Es brauche Methode und technisches Können. In
der Gestaltung von Lüttenort fand ONH Sicherheit und
Stabilität, das Gefühl der tiefen Verwurzelung mit Natur und
Landschaft. Hier lebt er seinen persönlichen Lebensentwurf.
Was vorher geschah, fügt sich ein. [48]

Für ONH steht die Farbe am Beginn, die Dynamik geht von
ihr aus. Im Laufe der Arbeit treten dann die anderen Elemente hinzu, „das Zeichnerische, das Konstruktive und
Strukturelle und so weiter". Er erwähnt dann aber Paul Klee,
der die verschiedenen Ebenen, die graphische und die
farbige, zunächst nebeneinander lässt, sie aber dann
zusammenführt. Dass Paul Klee vom Zeichnerischen her-
kommt, lässt sich allein dadurch begründen, dass die Tunis-
reise 1913 nach eigenem Bekennen zu dem Erleben führt,
dass ihn nun die Farbe habe. ONH dagegen hat von
vornherein Farbvorstellungen. Er geht von der Farbe aus
und ist der Überzeugung, dass „zeichnerische Elemente
malerisch überwunden werden" sollten. Daher die Hand-
habung des Zeichenstifts, der Kohle analog zur Pinselfüh-
rung. [49]

Auch wenn es nicht die Struktur ist, die Zeichnung, die ein
Grundraster im Bild anlegt, so übernimmt die Farbe diese
Aufgabe. Ähnlich wie der Anlage seines Gartens, widmet
er sich der Anlage eines Bildes. Er selbst äußert sich
folgendermaßen dazu: „Für mich ist der Gegenpol von

---

[48] Katalog – Lüttenort, a.a.O. S.35
   und Achim Roscher a.a.O. S.201
[49] Achim Roscher a.a.O. S.205 und S.221

Ordnung keineswegs die Unordnung, sondern das Noch-nicht-Geordnete. Ich benötige Ordnung im Sinne von geordnet aber im scheinbar Nebensächlichen. [...] Wahrscheinlich ist ein Wechselspiel von ,geordnet' und ,noch nicht geordnet' das Richtige." [50]

ONH geht aus von der Anschauung des Gegenstands, nimmt die Natur zum Anlass. Das impressionistische Erleben führt zu expressiver Ausdrucksweise, wobei das Vage, Unbestimmte in manchen späten Bildern vorherrscht, so dass der Gegenstand hinter farblichen Tupfen und Strichen oft völlig zurücktritt. Es ist ein Prozess der Umsetzung des Gesehenen in die Schilderung, die auf das Wesen des Geschauten ausgerichtet ist. Dabei wird Licht in Farbe verwandelt, die sich dann auf dem Wasser, aber auch auf der Landschaft, den Wolken Licht reflektierend bricht.

Das Boddenufer grenzt an „Lüttenort". Man spricht auf Usedom vom „Achterwasser". Ein Zickzackverlauf von Kanälen und feuchtem Land gibt eine lockere Struktur vor. Diese Grundstruktur verläuft unauffällig, gibt den überquellenden unterschiedlichen Grünschattierungen eine gewisse Festigkeit. Auch hier ein Wechselspiel von „geordnet" und „ noch nicht geordnet", das diese Lebendigkeit hervorruft. Hier werden Grün- und Blautöne strukturell verwendet und durch den Ockerfleck gehalten, der sich nur als Akzent farblich wiederholt. Ob er mit diesem Fleck begonnen hat?

---

[50] Katalog – Lüttenort a.a.O. S.34

ONH, „Boddenufer", 1956 [51]

ONH: „Überschwemmte Wiese", 1976/78 [52]

Zwanzig Jahre später wächst das blaue Wasser aus dem braunen Grund, aus dem Pflanzenstängel aufsteigen. Auch sie verfließen im blauen Wasser, reichen teilweise aber bis ans gegenüberliegende Land, das hell leuchtend Sonnenlicht abstrahlt. Dahinter in dunklem Blau der Wald und darüber ein blauer Streifen Himmel. Hier ist alles aus der Farbe heraus entwickelt. Kein der Geometrie gehorchender

---

[51] Abbildung im Rostock-Katalog
[52] Abbildung in Achim Roscher a.a.O. zwischen S.256 und S.257

Wasserlauf, keine Pfähle, nur Farbe, die allein verant-
wortlich zeichnet für Struktur, wie sie für ONH wesentlich ist.
Dies ist ein Bild nach ONH in „blauer Tonart".

Buhnen-Bilder

Die „Buhnen" strukturieren die Ostsee entlang der Strände. Sie sollen das Abtragen des Sandstrands eindämmen. ONH hat sie immer wieder gezeichnet und gemalt. Es ist diese Buhnenschrift, aus der sich in der Wiederholung variierende Zeichen ergeben. Die Buhnenpfähle zwischen Strand und See werden umbraust, umspült und zugleich eingebettet in diese Lineatur, das einzig Feste in der wogenden, anbrandenden See.

Die Zeichnung „Buhnen' von 1966 ist entstanden wie die Bildnisse, von denen schon die Rede war, aus zarten Punkten, Strichen, die unterschiedliche Grautöne zart und facettenreich erzeugen. Die dunklen, ruinösen Buhnen

„Buhnen", 1966 (Zeichnung) [53]

stehen in ihrer Schwärze im Fokus und führen in einer leicht anschwellenden Diagonale ins Bild, in eine helle, nur wenig bewegte See. Lediglich der Rand einer Wolke liefert einen gewissen Gegenpart dazu.

---

[53] Abbildung in Achim Roscher a.a.O. S.195

ONH, „Buhnenpfähle II, 1974 [54]

An den Buhnen bricht sich nicht nur das heranbrandende Meer, auch die Farbigkeit bricht sich hier in wogender Bewegung. Es ist die Bewegung der Wellen, die sich am von Licht getragenen Strand fortsetzt, die auf dem Sand Schattierungen hinterlässt und dieses so einfache Sujet zu einem Meisterwerk werden lässt.

„Buhnen am Strand", 1978 [55]

ONH ist fasziniert von den Molen, den Buhnen, den Kanälen des Achterwassers. Sie geben hier dem ockerfarbigen, nur wenig differenzierten Meer eine vage Struktur, die von Blau

---

[54] Katalog – Lüttenort a.a.O. S.23
[55] Abbildung in Katalog zur Ausstellung 2011 in Rostock

und Grün im Umfeld der Buhnen unterstützt wird. Doch dürfte auch hier die Farbe Ausgangspunkt gewesen sein.

ONH, „Abbröckelder Putz", 1971 [56]

Aus Anlass seines 75. Geburtstags gibt es 1971 Ausstellungen seiner Bilder in Rostock und Greifswald. Das Gemälde „Abbröckelnder Putz" (1971) wird von den staatlichen Behörden als Affront gegen den 10. Jahrestag des Mauerbaus verstanden. Es ist das letzte Bild, an dem er vor seiner von ihm als „Unpässlichkeit" abgetanen Erkrankung arbeitet. Es ist ein Herzinfarkt, der ihn längere Zeit arbeitsunfähig macht. Nun könnte man das Bild „Abbröckelnder Putz" natürlich auch als eine Abstraktion im Sinne von Leonardo auffassen. Der schrieb in seinem „Traktat über die Malerei": „Es ist nach meiner Meinung nicht unnütz, wenn du zur Vergegenwärtigung von Bildformen innehältst und die Flecken an der Mauer [...] ansiehst. Bei aufmerksamer Betrachtung wirst du ganz wunderbare Erfindungen darin entdecken, aus denen der Geist des Malers Nutzen zieht für die Komposition." Wie in der Maserung von Holzdecken, kann man auch in abbröckelndem Putz vermeintlich Reales wahrnehmen. Auf den zweiten Blick wäre bei dem Bild von ONH vielleicht ein Mensch zu erkennen, der mit erhobenen Armen einen wie auch immer zu interpretierenden Protest ausübt. Erwähnenswert ist auch der Umstand, dass das Bild in einem braunen Rahmen gefasst ist, der auf der Innenseite einen dünnen Goldrand besitzt, was als

---

[56] Abbildung in Katalog - Lüttenort a.a.O. S.72

Aufwertung des Themas aufgefasst werden kann, ihm, vorsichtig formuliert, den Charakter einer Ikone verleiht.

Doch auch die Buhnenbilder mit den meist schon im Verfall begriffenen Holzpfählen sind nahe an der Abstraktion. Wasser ist als Sujet ja nur im Augenblick zu fassen.

Es kommt zu einer zunehmenden Auflösung der Konturen. Das Licht wird zum eigentlichen Motiv.

ONH, „Winterlandschaft", 1970

Durch winterlich entblößte Zweige und ein wenig dürres Schilfgras, gliedert sich das weiß-blaue Land. Ein Netz legt sich über die Landschaft, oben ein Streifen von stark blauem Himmel. Viel Weiß schafft wogende Helligkeit. Aus der Nähe löst sich alles in Farbtupfer auf.

ONH, „Obstgarten mit Leiter", 1968/9 [57]

Steht man direkt vor dem Bild, so löst es sich völlig in Farbe auf. Es ist die Helligkeit des Sommertages, die sich im Garten verfangen hat. Licht hat sich wie ein zartes Netz über die Farben gelegt, lichtzarte Nuancen schaffen dann doch eine Art Landschaft, die, nimmt man Abstand, den Apfelbaum mit der Leiter deutlich werden lässt. - Die Leiter blieb irgendwann stehen und steht noch immer am Baum.

ONH, „Rauhreif", 1981 [58]

---

[57] Abbildung in Katalog – Lüttenort a.a.O. S.31
[58] Abbildung in Katalog zur Ausstellung 2011 in Rostock

Raureif liegt auf den Zweigen, die aber hinter dem leuchtenden Eis geradezu verschwinden, sich auflösen in den vielen kleinen Spiegelpunkten, die einen nur gehauchten farbigen Schleier vor das Blau des Himmels legen. Hier übertrifft der Wintertag mit seinem zarten Licht die bunte Helligkeit von Sommertagen.

ONH, „Achterwasser – Zempiner Ufer", 1984 [59]

Licht ist in Farbe verwandelt. Hier ist dem Meister gelungen, was ihm vorschwebte: Land, Wasser und Himmel lösen sich im Licht der Farben auf.

In einem 1982 vom damaligen DDR-Fernsehen aufgenommenen Film zitiert der 86 Jahre alte Otto Niemeyer-Holstein Auguste Rodin aus dem Gedächtnis: „Im Alter muss man so viel eigene Arbeit haben, dass man von seinen eigenen Arbeiten angeregt wird". Er bemüht sich, jeden Tag zu arbeiten. Damit hat er 1917 begonnen und sich so aus einer Lebenskrise befreit. Immer noch macht er täglich seine Strandgänge. Immer hat er sein Skizzenbuch in der Tasche. Und jeden Tag ist alles anders. Seine Bilder beginnt er mit etwas Unbestimmtem, nichts Konkretem. Doch muss das Gesehene durch einen durchgehen. Der Maler muss zum Wesen einer Sache durchdringen. Je mehr man weiß, desto schwieriger wird es. Das Banale in Poesie umzuwandeln, darum gehe es. Der Künstler müsse um Bewusstsein ringen. Er müsse auswählen, was sag' ich und was sag' ich nicht. Er zieht Vergleiche zur Musik, wo die Pausen auch wichtig sind, spricht von Tonarten, der „blauen Tonart", die

---

[59] Abbildung im Katalog- Lüttenort a.a.O. S. 73

ihm wohl sehr nahe liegt. Licht übersetzt sich in Atmosphäre. Ein Bild sei immer fertig und doch nie ganz.

Von Otto Niemeyer-Holstein (1896-1984) zu Lyonel Feininger (1871-1956)

Ein Motiv für beide Maler: Der Kirchturm und die Mühle von Benz auf Usedom

Die Feldsteine sind Findlinge, die Gletscher der letzten Eiszeit auf Usedom hinterlassen haben, Steine in allen Größen: Riesige Steinbrocken, Kieselsteine und Sandkörner, die hier auf Usedom besonders fein zerrieben sind. Die Holländer-Mühle (erbaut im Jahr 1826) steht auf einer Anhöhe über dem Ort und bietet heute wieder den unverstellten Blick auf den Kirchturm von Benz, den Feininger von hier festgehalten hat. ONH konnte die Mühle 1973 nur

mit Schwierigkeiten erwerben, bekam schließlich die Erlaubnis, weil er sich verpflichtete, sie als technisches Denkmal zu erhalten. Was nun folgt, ist mühsame Arbeit, vor allem die Flügel stellten ein großes Problem dar. Erst 2000 gab eine Zeichnung von Feininger den Hinweis, was beachtet werden musste, um die Flügel so zu stabilisieren, dass die Flügel sich drehen konnten. [60]

ONH nahm einen alten Brauch wieder auf. Er wusste, dass die Müller früher mit Findlingen und Ackersteinen einen Bannkreis um ihre Mühle zogen. Der sollte Mühle und Müller vor Schaden bewahren. So ließ auch er einen kniehohen Wall errichten, der heute mit Heckenrosen bepflanzt ist. Schließlich suchte man nach Ersatzmühlsteinen, die zu jeder Mühle gehören. Auch die wurden schließlich gefunden. Zwei von ihnen liegen nun in der Funktion von Tischen auch in Lüttenort im Garten. Sie wiegen drei Tonnen. ONH kam nun immer wieder zur Mühle, und wie Feininger vor ihm, zeichnete und malte er dort. So

---

[60] Feiningers Zeichnung von der Mühle vom 14.9.1910 aus: Martin Bartels u.a. in „Papileo auf Usedom. Eine Feininger-Radtour" (Bonn 2009) und Achim Roscher a.a.O. S.254ff.

entsteht ein Zusammenhang zwischen zwei Malern, die auf Usedom zu ihrem Stil gefunden haben.

ONH und seine Frau, die im Oktober desselben Jahres starb, wurden, seinem Wunsch gemäß, auf dem Friedhof von Benz, direkt unterhalb der Mühle, begraben. Auf seinem Grab wünschte er sich den „Knaben" von Waldemar Grzimek, der zuvor in seinem Garten stand.

Lyonel Feininger: Von der Natur-Notiz zur prismatisch-kristallinen Struktur

Die Kirche von Benz

Von der Kirche in Benz gibt es aus allen Schaffensphasen von Lyonel Feininger Bilder, von 1908 bis in das Jahr seines Todes, als er längst wieder in New York lebt, Bilder in den unterschiedlichsten Malweisen. Im Jahr 1907 hat sich Lyonel Feininger entschlossen, der angewandten Kunst, der

Karikatur, den Rücken zu kehren und sich ernsthafter mit Zeichnung und Malerei zu befassen. Er begibt sich auf die Suche nach einer eigenen, ihn überzeugenden Darstellungsweise. ONH würde von dem Bemühen sprechen „die für ihn akzeptable Art und die ihm gemäße Weise zu finden."[61]

Es ist in den Sommern auf Usedom, wo Feininger allmählich zu seiner Art der Umsetzung des Gesehenen findet. Ausgehend von Zeichnungen nach der Natur, einer Methode, die auch ONH und Caspar David Friedrich anwenden, entwickelt er allmählich seine für ihn so typische prismatisch-kristalline Darstellungsweise, und es ist gerade die Kirche in Benz, wo es bis zuletzt beides gibt, die an der Natur, beziehungsweise die an der realen Bauweise orientierte Natur-Skizze, und das prismatische, Transzendentes berührende Gemälde, das nicht mehr vor der Natur entsteht, aber auf vor dem Sujet gemachten Notizen aufbaut. In der Regel ist der Kirchturm dann etwas aus dem Lot gerückt, die Symmetrie wird vermieden.

[61] Armin Roscher a.a.O. S.115

Lyonel
Feininger und
die Kirche von
Benz

Ganz zuletzt, im Jahr vor seinem Tod, kehrt das Motiv wieder zurück aus der Erinnerung ins Naturhafte: „Untitled / Benz" / Öl auf Leinwand / 1955 - es ist vermutlich eines seiner letzten Gemälde. Zugleich entsteht eine Version, in der sich das Figurative geradezu auflöst in einer im Blauen versinkenden Erinnerung („Benz" / Aquarell und Feder / 1955). So wird die auch innen bezaubernde Kirche von Benz, von der man nicht einmal mit Sicherheit weiß, ob er sie betreten hat, zur Schaffensikone, die ihn einen Großteil seines Lebens begleitet.

Was dieses Motiv, überhaupt die alten Dorfkirchen, für Feininger so anziehend gemacht hat, bleibt ein Geheimnis. In einem Brief an seinen Freund, den Maler Alfred Kubin, schreibt er über die thüringischen Dorfkirchen folgendes: „die alten Dorfbauleute haben gewusst zu wirken, unfehlbar und mit den bescheidensten Mitteln [...]. Es gibt Kirchtürme in gottverlassenen Nestern, die mit das Mystischste sind, was ich von sogenannten Kulturmenschen kenne! [...] ich stehe davor stundenlang und erschleiche das Geheimnis ihrer Form – brutal zupacken giebt's [sic!] hier nicht – es ist eine verzweifelte Liebe, die Einen [sic!] unendlich geduldig macht. Jedes Mal ist ein neues Stück errungen." [62]

Zweifellsohne ist die Kirche von Benz auch für den heutigen Besucher idyllisch gelegen, besonders der Blick von der durch den Malerkollegen Otto Niemeyer-Holstein erhaltenen Windmühle ist einzigartig. Feininger war nach Deutschland gekommen, um Geige zu studieren. Stattdessen begann er eine Ausbildung zum Zeichner, zum Karikaturisten, und nun in einem weiteren Schritt bindet er das Zeichnerische, Grafische in eine kristalline Struktur ein.

---

[62] Die folgenden Zitate stammen aus: Martin Bartels, Papileo auf Usedom – Eine Feininger-Radtour (Bonn 2009)

Gleichzeitig entdeckt er eine klassisch zurückhaltende Farbigkeit. Doch ist es die Zeichnung, die Natur-Notiz, mit der er sich am Strand von Usedom und auf seinen Radtouren im Hinterland der Insel beschäftigt. Er selbst schreibt seinem Freund Alfred Churchill über seine künstlerische Entwicklung: „ [...] 1908 hatte ich die Möglichkeit, den ganzen Sommer draußen zu zeichnen, und machte sehr viele Notizen [...] ein Experimentieren mit farbigen Umrisslinien und kontrastierenden Flächen [...] 1909 begann ich zum ersten Mal Landschaften zu skizzieren, noch dekorativ, van Gogh verehrend. 1910 erreichte ich einen größeren Rhythmus, die Farbe ein wenig vernachlässigend, wobei ich mich hierbei sicher fühlte. 1911 brachten mich meine Studien an einen kritischen Punkt, an dem eine Imitation der Natur fast erreicht war."

Am 2. September 1910 schreibt er aus Neppermin noch, wie „frei und gut und stark [s]eine Notizen nach der Natur sind". Doch dann heißt es in einem Brief vom 19. September 1910 über seine Ölbilder vor der Natur: „... ich finde keinen ‚Reiz' darin und bin bloß froh, dass ich besser ‚aus dem Kopf' male. Ich könnte sie allesamt verbrennen [...] ich werde die Bilder, die ich hier in der Landschaft sehe, nach ‚Notizen' aus dem Gedächtnis malen [...] und die werden gut werden [...] ich werde jetzt spazieren gehen und viele Notizen machen." Ähnlich hat im vorhergehenden Jahrhundert auch Caspar David Friedrich gedacht.

Mitte September schreibt er dann an seine Frau Julia: „Ich war ... schrecklich niedergeschlagen, saß lange Zeit in meinem Zimmer und tat nichts, fast entschlossen, alles hier aufzugeben, und mein dummes Malen nach der Natur.

Manchmal hasse und verachte ich ‚Natur', ich mag meine Bilder so [‚aus dem Kopf' gemalt] viel lieber." Feininger fühlt ein Ungenügen an der Darstellung der reinen Realität, die er inzwischen wunderbar beherrscht. Doch sucht er nun nach der Struktur, dem Gesetz, das hinter der Natur erscheint, das sie transzendiert. Seine Lösung findet sich in einer prismatisch-kristallinen Darstellungsweise, wie sie sich auch aus der Skizze der Villa Oppenheim in Heringsdorf und ihrer Umsetzung in einem Holzschnitt deutlich macht. Und natürlich in seinen Bildern von der Kirche von Benz, zum Beispiel aus dem Jahr 1913. Auf Usedom trägt also auch Feininger, ähnlich wie Otto Niemeyer-Holstein „seine Kämpfe aus", die mit der Leinwand, mit dem Sujet. Doch jetzt hat Feininger seine ihm gemäße Umsetzung der Natur nach seiner Vorstellung gefunden. Wie Otto Niemeyer-Holstein gelingt ihm das zuerst auf Usedom.

Lyonel Feininger: Die Villa Oppenheim in Heringsdorf / Usedom

Villa Oppenheim
heute

Für Feiningers Sehweise eignen sich Darstellungen von Meer und Wolken besonders gut. Sie sind an sich schon Abstraktion. Dazu gehören auch Schiffe und Segel, die Dreiecksformen anbieten, ähnlich wie die Helme der Dorfkirchen. Auch findet sich ein wenig Caspar David Friedrich in Bildern wie der „Vogelwolke" von 1926, wo die winzige Figur eines Menschen, der ganz an die Seite gerückt, den „Mönch am

Meer" des älteren Malers zu reflektieren scheint. Und doch fehlt bei Feininger die bei Caspar David Friedrich thematisierte Metaphysik.

Lyonel Feininger, Vogelwolke 1926

Caspar David Friedrich, Mönch am Meer, 1808-1810

Lyonel Feininger, Wolke, 1924

Caspar David Friedrichs Kunst bedient sich der geometrischen Figuren der Mathematik wie wir noch sehen werden. Symmetrie spielt eine Rolle, die durchgehende Verwendung des Goldenen Schnitts, der auch als „göttliche Proportion" bezeichnet wird. Aus der Kreisform des Kegelschnitts lassen sich mathematische Figuren herleiten, Figuren, die die Bauprinzipien in Friedrichs Werk darstellen. Das mathematisch Unendliche wird von den Romantikern und auch vom Maler C.D. Friedrich in Analogie zum göttlichen Unendlichen gedacht. Diese Analogie lässt sich bei Feininger ein Jahrhundert später nicht ausmachen. Es handelt sich bei ihm wohl eher um Distanzfiguren, die die Größe von Meer und Himmel verdeutlichen, nichtsdestoweniger mag der Betrachter bei ihm eine vergleichbare Harmonie, und Erhabenheit empfinden, wie es auch Uwe Kolbe erfahren hat.

Noch einmal Uwe Kolbe: „In ganzer Breite stand über der See eine riesige, helle Wolke, ein erhabener Vogel auf dem dunklen Grund des Himmels. Kein Wunder, der offene Blick ging von hier mit ein wenig Einbildungskraft ungehindert bis Deep [Der Ort liegt heute in Polen und ist nicht allzu weit von Usedom in Richtung Osten. Dort verbrachte Feininger später viele Sommer]. Die Wolke füllte den freien Himmel ganz aus, Hinterlassenschaft eines feinen Künstlers, dessen Spuren, dessen Grazie, dessen Sinn für Form, Maß, Schönheit das eigentliche Geschenk des vergangenen Jahrhunderts an diese Weltgegend sind." [63]

VON GREIFSWALD NACH DRESDEN

Caspar David Friedrich (1774-1840)

Caspar David Friedrich wird am 5. September 1774 in Greifswald als 6. von zehn Kindern des Seifensieders und Kerzenziehers Adolf Gottlieb Friedrich und seiner Frau Sophie Dorothea, geb. Bechly, geboren. Seine Mutter stirbt am 7. März 1781 im Alter von 33 Jahren. Friedrichs um ein Jahr jüngerer Bruder Johann Christoffer ertrinkt am 8. Dezember 1787 bei dem Versuch, den beim Schlittschuhlaufen ins Eis eingebrochenen Caspar David zu retten. Dieses Erlebnis hat er nie ganz verwunden.

---

[63] Uwe Kolbe a.a.O. S.121

In seinem Nachruf steht: „Sein Leben war ein langes Unglück. Die Erinnerung an seinen Bruder, der ertrank, als er ihn beim Schlittschuhlaufen retten wollte, warf einen tiefen Schatten über sein ganzes Leben, da er sich als Ursache seines Todes betrachtete." [64]

Das Denkmal, das für Caspar David Friedrich auf der Brühlschen Terrasse in Dresden in unserer Zeit errichtet wurde, zeigt in Umrissen ein Fenster seines Ateliers, an dem er die Grundstrukturen seiner späteren Bilder wohl zum ersten Mal entwickelt hat. Die gespannten Drähte erinnern zum einen an die geometrischen Figuren, die seinen Kompositionen zugrunde liegen, zum anderen auch an den Gebrauch einer Camera Obscura, die er gelegentlich verwendet hat.

---

[64] Peter Moser: Caspar David Friedrich. Sein Leben, seine Welt und seine Bilder (Bamberg 2008), S.282

Dieses Verfahren führt dazu, dass die Farben seiner Gemälde zum Rand hin schwächer werden und die Schärfe nachlässt, ähnlich wie beim Vorgang des menschlichen Sehens. Zu Stuhl, Staffelei und Fenster des Denkmals gehört der in eine Bodenplatte eingelassene Text, der des Malers Grundüberzeugung konstatiert:

> „Der Maler soll nicht bloß malen, was er vor sich sieht, sondern auch was er in sich sieht. Sieht er also nichts in sich, so unterlasse er auch zu malen, was er vor sich sieht."
>
> Caspar David Friedrich

Ein paar Worte zu seinem künstlerischen Werdegang: Friedrich studiert von 1794-98 an der Akademie von Kopenhagen, die Ende des 18. Jahrhunderts als die fortschrittlichste und liberalste in Europa gilt. Danach geht er nach Dresden, wo er mit Unterbrechungen bis zu seinem Tode lebt. Hier findet er einen Kreis von Freunden, die seine antifranzösische, nationale Einstellung teilen, die im Gegensatz steht zu der Haltung des sächsischen Königs, darunter auch solche Freunde, die ihn als Künstler begleiten. Doch entwickelt sich seine Karriere hinsichtlich einer Professur an der Akademie nur zögerlich.

Friedrich hat eine Veranlagung zur Melancholie und zu selbstquälerischen Depressionen. Doch kann er es gut mit Kindern, die offenbar „gern und zutraulich mit ihm verkehrten." Wilhelm Kügelgen, der Sohn des 1820 ermordeten Malers Gerhard von Kügelgen sagt über ihn: „Im allgemeinen war er menschenscheu, zog sich auf sich selbst zurück und hatte sich der Einsamkeit ergeben. [...] Friedrich war ein Einundeinzigster [sic!] in seiner Art, wie alle wirklichen

Genies." Und er fügt hinzu: „Vielleicht war er zu gut für diese Welt." [65]

Die Malerin Wilhelmine Bardua äußert sich so: „Wie er in seinem Wesen erschien: still, verschlossen, weltscheu, absonderlich, tief denkend, voll warmer Liebe für Kunst und Natur – so waren auch seine Bilder." 1839 malt sie, kurz vor seinem Tod, das letzte bekannte Bild von diesem Künstlers. [66]

Wassili Andrejewitsch Shukowski ist zunächst Lehrer am Zarenhof, dann Staatsrat und vertritt ähnlich patriotische Haltungen wie Friedrich. In einem Brief an die Großfürstin Alexandra Feodorowna (1798-1860) schildert er den Charakter des Malers folgendermaßen: „Treuherzigkeit fühlt man aus allen seinen Worten. Er spricht ohne Beredsamkeit, aber mit lebhaftem und aufrichtigem Gefühl." Seine Bilder gefallen „durch ihre Wahrheit". Er sieht die Natur „wie ein Mensch mit Gefühl und Phantasie, der überall in ihr ein Symbol des menschlichen Lebens findet." Friedrich selbst sagt, er brauche die Einsamkeit für das Gespräch mit der Natur. [67]

Am 21. Januar 1818 heiratet der 43jährige Friedrich die 25-jährigre Caroline (Lina) Bommer (1793-1847) in der Dresdner Kreuzkirche. Im selben Jahr lernt er den norwegischen Landschaftsmaler Johan Christian Dahl kennen sowie Carl Gustav Carus (1789-1869), der Arzt war und ebenfalls eine Begabung zum Malen hat. Johan Christian Clausen Dahl

---

[65] P. Moser a.a.O. S.263
[66] P. Moser a.a.O. S.104
[67] P. Moser a.a.O. S.163/4

sagt über den Freund: „Friedrich ist keineswegs ein Liebling des Glücks gewesen, und es ging ihm, wie es so oft den tiefsten Naturen in ihrem Leben ergeht, sie werden von wenigen richtig verstanden und von den meisten falsch. Die Zeit sah in seinen Bildern konstruierte Ideen ohne Naturwahrheit." Unverständnis hat dem Maler wohl lebenslänglich sehr zugesetzt. [68]

Friedrichs Atelier

Das Fenster ist ein wiederholtes Motiv bei Friedrich. Georg Friedrich Kersting, ein guter Freund, malt ihn 1811 in seinem Atelier. Das Denkmal in Dresden stellt abstrahiert die Situation dar, die Kersting festgehalten hat. Ein weiteres Bild, das die gleiche Anordnung zeigt, entsteht 1812. Hier steht Friedrich mit Palette und Stab auf die Stuhllehne gestützt und blickt auf seine Staffelei. Wilhelm von Kügelgen schildert Friedrichs Atelier 1836 mit folgenden Worten: „[Sein] Atelier [...] war von so absoluter Leerheit [...]. Es fand sich nichts darin als die Staffelei, ein Stuhl und ein Tisch, über welchem als einzigster Wandschmuck eine einsame Reißleiste hing [...]. Sogar der so wohlberechtigte Malkasten nebst Ölflaschen und Farbelappen war ins Nebenzimmer verwiesen, denn Friedrich war der Meinung, dass alle äußeren Gegenstände die Bilderwelt im Innern stören." Dies wird schon 1806 von Gotthilf Heinrich Schubert so gesehen: „Denn in der Kammer fand sich außer dem alten Stuhl auch

---

[68] P. Moser a.a.O. S.179

nichts, als ein ebenbürtiger Tisch und ein Bett, über welchem eine wollene Decke ausgebreitet war." [69]

Die Entwicklung von Friedrichs zentralen Bildordnungsprinzipien [70] - Das Fenster als Motiv

Von Otto Niemeyer-Holstein wissen wir, dass er nicht vom Gedanken ausgeht, kein Zeichen setzen will, doch geht auch er über die Realität hinaus, trifft eine Auswahl. Wenn sich eine geistige Ebene eröffnet, so betrachtet er dies als etwas, das sich von selbst ereignen kann. Das Gesehene ist von ihm Empfundenes. Das Wahrgenommene wird auf diese Weise verwandelt und entspricht nicht mehr einem reinen Abbild. Er spricht von einem Wechselspiel von ‚geordnet' und ‚noch nicht geordnet'. Das deckt sich zum Teil mit Caspar David Friedrich, der auf den ersten Blick stärker an der Realität orientiert ist, allerdings früh schon Motive kombiniert und seinen Gemälden Bildordnungsprinzipien unterlegt, ein Vorgang, der bei ONH und Feininger eher instinktiv abläuft.

1800/01 beginnt Friedrich mit seinen bildmäßigen Sepien. Es findet ein Wechsel statt, weg vom demonstrativ Dramatischen zum Meditativen, eher Handlungslosen. Seine Bildordnungsprinzipien entwickelt er zwischen 1804 und 1806. Er

---

[69] P. Moser a.a.O. S.265
[70] Im Folgenden berufe ich mich auf die gründlichen Untersuchungen von Werner Busch in: „Caspar David Friedrich" (1995; München 2021)

sucht seine Darstellungen auf dem Papier zu verankern. Dabei ist die Symmetrie das Prinzip, das am deutlichsten hervorsticht. [71]

So bei dem Ölbild „Lebensstufen"(um 1835), wo der große Segler von der halben Bildhöhe an die Mitte markiert. Die „Lebensstufen" nehmen ein maritimes Motiv auf, mit dem sich Friedrich schon 1815, also 20 Jahre früher, eingehend beschäftigt hat: Schon im Ölbild „Segelschiff im Nebel" hat er das Schiff in die Symmetrieachse gestellt, in „Ansicht eines Hafens" aus demselben Jahr ist das Bauprinzip schon wesentlich komplizierter, ebenso in „Der Greifswalder Hafen (Schiffe im Hafen von Greifswald)", ein Bild, das um 1818/20 entsteht.

Die wichtigste und am häufigsten von Friedrich genutzte Struktur ist der „Goldene Schnitt". Allerdings ist dieses Prinzip nicht so offensichtlich, dennoch oder gerade dadurch wirkungsvoll. [72] / [73]

---

[71] W. Busch a.a.O. S.29 und 31

[72] Werner Busch a.a.O. S.38ff

[73] Der *Goldene Schnitt* beruht auf der mathematischen Formel:

$$\frac{a+b}{a} = \frac{a}{b}$$

Der *Goldene Schnitt*: Zwei Strecken stehen im Verhältnis des *Goldenen Schnittes*, wenn sich die größere zur kleineren Strecke so verhält, wie die Summe der beiden Strecken zur größeren.

1805/06 entstehen zwei Sepien von Friedrich, die die Atelierfenster in unterschiedlicher Perspektive abbilden. Auch hier gibt es eine Mittelachse, die durch das Fensterkreuz zur Darstellung kommt. Die Linien des Goldenen Schnitts hingegen sind schwieriger zu erkennen, finden sich aber mehrfach im Bild. Dazu kommt, dass die bedeutungsgeladenen Abstände auch an nebensächliche Punkte, beziehungsweise Linien geknüpft sind, so die obere Leiste eines angeschnittenen Spiegels oder den Nagel an der Wand, an dem eine Schere aufgehängt ist. So lässt sich in der Waagrechten im oberen und im unteren Teil des Bildes der Goldene Schnitt ausmachen. Dasselbe gilt für die Vertikale, wo sich ähnliche Proportionen aufzeigen lassen. Geradezu unauffällige und doch zentrale Bedeutung haben Schere und Schlüssel. Werner Busch bezieht die Schere symbolisch auf den Goldenen Schnitt und den Schlüssel auf das Aufschließen, das Erschließen des Bildes. Eine solche unauffällige Symbolik ist typisch für Friedrich. Das Motiv des Fensters stellt zudem den Bezug von innen und außen dar, was auch als die beiden Ebenen angesehen werden kann, um die es bei Caspar David Friedrich immer geht.

Der Wert dieses Streckenverhältnisses (a geteilt durch b) entspricht exakt der *Goldenen Zahl* Φ (Phi).

C.D. Friedrich, Blick aus dem Fenster des Künstlers, linkes und rechtes Fenster (1805/06) (Sepia-Tinte auf Papier, 31 x 24 cm)

Friedrichs Kunst bedient sich der Proportionen des Goldenen Schnitts, um die Wiedergabe von Wirklichkeit in eine Struktur einzubinden, ohne damit eine Betrachtungsweise direkt zu markieren. Von nun an schließt sich Friedrich den geometrischen Figuren der Mathematik an, wie sie die Romantik von Leibniz übernimmt. Aus der Kreisform des Kegelschnitts gehen die drei Formen der Ellipse, der Parabel und der Hyperbel hervor. Novalis sieht in diesen aus Zahlen hergeleiteten Figuren Setzungen, logische Konstruktionen, die keine aus der Erfahrung gewonnenen Abstraktionen sind. Es handelt sich also um Festlegungen, die nicht aus Erfahrungen mit der Wirklichkeit abzuleiten sind und so als geheime Grundlage nur empfunden, erahnt, gespürt werden können. Das mathematisch Unendliche wird von den

Romantikern in Analogie zum göttlichen Unendlichen gedacht. Somit ist für Novalis „Reine Mathematik Religion"
und „Geometrie transzendentale Zeichenkunst." [74]

Und hier sind wir bei Caspar David Friedrich. Und auch der
auf dem Caspar-David-Friedrich-Denkmal in Dresden zitier-
te Satz lässt sich in diesem Sinne verstehen:

> „Der Maler soll nicht bloß malen, was er vor sich sieht,
> sondern auch was er in sich sieht. Sieht er also nichts
> in sich, so unterlasse er auch zu malen, was er vor
> sich sieht."

Für die Romantiker ist das Göttliche in erster Linie durch die
Mathematik, vor allem durch die Geometrie und ihre Figuren darstellbar. Und die wichtigste Figur ist die Hyperbel, in
der sich die Unendlichkeit mit der Unmöglichkeit, sie zu erreichen, verbindet. Die Arme der Hyperbel nähern sich ihren Asymptoten, ohne sie je zu erreichen. In diesem Sinne
muss wohl der Glaube eines Caspar David Friedrich verstanden werden, der sich in den künstlerischen Aufbau
seiner Bilder überträgt. Diese Überzeugung findet man
auch bei Schelling, wenn er vom Künstler erwartet, in seinen
Darstellungen der Natur etwas von diesem Geist abstrakter
Figuren zur Anschauung zu bringen. Schleiermacher, der
großen Einfluss auf Friedrich hat, begreift den Verlauf der
Kurve von Punkt zu Punkt als Analogie zum Lebenslauf des
Menschen, wobei er den einen Arm der Hyperbel als zu
Gott, den anderen ins Verderben führend betrachtet. Bei
Friedrich befinden sich im Brennpunkt der Hyperbel immer

---

[74] W. Busch a.a.O. S.68

wieder Sonne oder Mond. Während die Ellipse etwas Bergendes, Bewahrendes ausdrückt, das er in seinen Darstellungen des Himmels einsetzt, öffnet sich die Hyperbel dem Unendlichen und überschreitet die Bildgrenze.

Fassen wir Friedrichs Anlage eines Bildes zusammen: Mit der zugrundeliegenden geometrischen Figur muss eine Grundstruktur geschaffen werden, in die dann die detaillierte Naturbetrachtung eingefügt wird. Die Natur allein wäre für Friedrich nicht ausreichend. Doch darf sich die abstrakte Figur auch nicht aufdrängen. Sie muss verhüllt werden und indirekt vom Betrachtenden empfunden werden. Die detailliert dargestellte Natur muss sich transzendiert mitteilen.

Das Jahr 1818: Heirat und Höhepunkt seines Schaffens

Friedrich heiratet am 21. Januar 1818 die 25jährigre Caroline (Lina) Bommer (1793-1847). Sie erscheint danach oft als Rückenfigur auf Gemälden. In „Auf dem Segler", 1818 [75], ist sie seitlich gesehen, während der Mann als sitzende Rückenfigur dargestellt ist. Zwischen dem Paar auf Augenhöhe treffen die Linien der unteren Waagrechten des Goldenen Schnitts und die linke Senkrechte eines solchen aufeinander. So sind die beiden Menschen auf ewig, das heißt für Friedrich ‚vor Gott', miteinander verbunden. Ein berührendes Bild.

---

[75] Abbildung in P. Moser S.147

Caspar David Friedrich, „Auf dem Segler", 1818

Das Rückenbild und das Betrachten

Caspar David Friedrich fügt in seinen Gemälden immer wieder Figuren ein, die mit dem Rücken zum Betrachter stehen und die stellvertretend dessen Position einnehmen.

Sie reflektieren, was der Maler als Botschaft durch die dargestellte Szenerie mitteilen möchte.

Caspar David Friedrich, Frau am Fenster (1818-1822) [76]

---

[76] Abbildung in P. Moser a.a.O. S.173

„Frau am Fenster" entsteht zwischen 1818 und 1822 und verbindet das Motiv des Fensters mit dem der Figur in Rückenansicht. Die Frau steht mit dem Rücken zum Betrachter leicht diagonal an der Senkrechten des Fensterkreuzes angelehnt, das zugleich die Symmetrieachse darstellt. Das Motiv lässt unwillkürlich an Johann Heinrich Wilhelm Tischbeins „Goethe am Fenster der römischen Wohnung am Corso" von 1787 denken.

Der leere Raum wirkt durch nackte Wände und breite Bodendielen beengend und wir meinen, ihn aus den besprochenen Sepia-Zeichnungen zu kennen. Keine weitere Möblierung, keine Gegenstände, nur diese absolute vom Raum bestimmte Ordnung, in die sich die Frau einfügt. Die dunkel gehaltenen Grau- und Brauntöne des Raumes werden in der Kleidung der Frau durch Grüntöne nur leicht abgemildert. Die einzige Helligkeit dringt durch den im Mittelteil geöffneten Laden, wo sich eine Flusslandschaft mit Segelschiff und Bäumen auch für den Betrachter öffnet. Hier wird die geradezu starre Symmetrie durchbrochen, die wiederum unauffällig durch den Goldenen Schnitt gefestigt wird. Durch den Blick der Frau kommt es zu einer Begegnung von Innen und Außen. Bei Caspar David Friedrich, der ein Maler der Romantik ist, muss man eine solch symbolisch aufgeladene Aussage vermuten.

Caspar David Friedrich, „Frau vor der untergehenden Sonne", um 1818 [77] (109)

„Frau vor der untergehenden Sonne (Sonnenuntergang, Frau in der Morgensonne)", um 1818, zeigt seine Frau

---

[77] Abbildung in P. Moser a.a.O. S.148

stehend zentral im Bild vor einer rot dominierten Land-schaftskulisse, vor der sie selbst zur Sonne wird. Im Jahr seiner Eheschließung, hat Friedrich seine Frau axial in eine Landschaft gestellt mit leicht ausgebreiteten Armen, die Handflächen geöffnet, ein wenig in der Stellung einer Adorante.

Caspar David Friedrich, „Mondaufgang am Meer", 1822 [78]

Das Bild zeigt zwei Frauen auf einem Felsbrocken sitzend, hinter denen ein Mann ebenfalls auf einem großen Findling leicht vornüber gebeugt dargestellt ist. Dazwischen verläuft die Mitte des Bildes. Darüber wird die Hyperbel deutlich, die sich im Dunkel der Wolkenwand verbirgt, hinter der soeben der Mond im Brennpunkt der Hyperbel aufgeht. Der Mond berührt zudem die linke Vertikale des Goldenen Schnitts. Auch das zum Verhältnis von Hell und Dunkel Gesagte trifft hier zu. Drei Jahre früher behandelt er dasselbe Motiv ebenfalls mit obigem Titel „Mondaufgang am Meer", 1819[79], wo die eine Hyperbel wie eine Schale den soeben auftauchenden Mond hält. Die nach unten sich öffnenden Arme der zweiten Hyperbel verlaufen durch die beiden auf einem Stein sitzenden Frauen und ein im Sand steckendes Holz, während die beiden Männer weiter vorn, unmittelbar am Wasser, im Brennpunkt der Hyperbel und gleichzeitig in der Mittelachse stehen.

---

[78] Abbildung in P. Moser a.a.O. S.176
[79] Abbildung in P. Moser a.a.O. S.156

Caspar David Friedrich, „Kreidefelsen auf Rügen", 1818 [80]

Das berühmte Gemälde entsteht während seiner Hochzeitsreise und zeigt drei Personen separat, ohne ersichtlichen Kontakt zueinander, in unterschiedlichen Körperhaltungen. Während die Frau im roten Kleid links im Bild auf dem Boden hockt und mit dem rechten Arm nach unten weist, kniet ein älterer Mann vornüber gebeugt am Rande des Abgrunds, es ist fast als wolle er beten. Ganz rechts steht ein jüngerer Mann in altdeutscher Tracht und blickt auf die steile Felskulisse und auf das sich in der Ferne verlierende Meer. Man wird diese Stelle auf Rügen so nicht wiederfinden, auch wenn man voraussetzen muss, dass die Steilküste sich seit Friedrichs Aufenthalt dort verändert hat. Doch geht aus der Vorzeichnung hervor, dass Friedrich die sogenannte Große und Kleine Stubbenkammer kombiniert dargestellt und zudem die Höhe durch ein Anheben des Horizonts zusätzlich gesteigert hat. Das Laub der beiden Bäume umschließt die Landschaftsszenerie, verwischt so den Horizont und bildet mit den Felsen und dem grasbewachsenen Streifen festen Bodens einen Rahmen, der an ein Medaillon denken lässt, was eine religiöse Komponente andeuten könnte. Bei einem Gemälde von Friedrich wird man die unterschiedlichen Haltungen religiös oder politisch interpretieren müssen. Das leicht gekräuselte Meer ist in seiner Farbigkeit abgestuft und wird in der Ferne immer heller. Zwei Segelboote versinken darin fast völlig, repräsentieren sie das menschliche Paar?

Caspar David Friedrich. „Kreidefelsen auf Rügen", 1826 [81]

---

[81] Abbildung in P. Moser a.a.O. S.204

Vier Jahre später nimmt Friedrich das Motiv noch einmal auf, doch fehlen hier die Personen. Die leuchtend weißen Felsen rahmen das blaue Wasser der Ostsee an den Seiten. Auf dem Meer vier Segelboote, zwei verlieren sich in der Ferne, die größeren, da dem Ufer näher, scheinen nun getrennt eigene Wege zu gehen. Die weißen Segel werden von leichten Wellenkämmen durchbrochen. Zarte Äste greifen in die Luft, doch bildet jetzt der dunsthelle Horizont den Abschluss, wo sich Wasser und Himmel farblich kaum unterscheiden und in eine Unendlichkeit überführen.

Caspar David Friedrich, „Mönch am Meer (Wanderer am Gestade des Meeres)", 1810 [82]

---

[82] Abbildung in P. Moser a.a.O. S.90

Im acht Jahre früher entstandenen Gemälde „Mönch am Meer" oder „Wanderer am Gestade des Meeres" ist die minimalistisch eingefügte Rückenfigur aus der Mitte gerückt. Hier greifen weder Symmetrie, noch Goldener Schnitt. Hier wird eine absolute Verlorenheit ausgedrückt. Das Wort „Mönch" verweist auf einen geistigen, wenn nicht geistlichen Hintergrund. Der „Wanderer" ist auf dem Wege zu einer geistigen, vielleicht religiösen Erfahrung. Man möchte annehmen, dass Kleist damit dieses Ausgesetztsein, dieses völlige Fehlen einer Eingrenzung zum Ausdruck bringen wollte, wenn er beim Betrachten des Bildes den Eindruck hat, „als wenn einem die Augenlider weggeschnitten wären". [83]

Es ist dieses Bild, in dem Friedrich den Mönch während des Malprozesses in Richtung Meer dreht, in dem er seine für ihn so typische Rückenfigur „erfindet", so dass wir die Figur stellvertretend für uns empfinden.

Caspar David Friedrich, „Abtei im Eichenwald", 1810

Das Pendant zum „Mönch am Meer" ist die „Abtei im Eichenwald" [84] aus demselben Jahr. Bäume ohne Laub stehen vor dem Horizont, der aus dem Dunkel ins Helle wächst, gestikulierend in ihrer Verletztheit, ihrer Beschädigung. Sie gruppieren sich um eine gotische Chorwand, die allein als Ruine für die Abtei steht. Vorgabe ist die Ruine Eldena an der Mündung der Wyck vor Greifswald.

---

[83] P. Moser a.a.O. S.85
[84] Abbildung in P. Moser a.a.O. S.91

Eldena taucht in Variationen in einigen Bildern auf. Friedrich arbeitet häufig mit Versatzstücken, die er in unterschiedliche Zusammenhänge versetzt. Klein wie der einzelne „Mönch" am Meer bewegen sich ein paar dunkle Gestalten auf die Ruine zu. Hier ist im Unterschied zum „Mönch am Meer" die Mittelachse betont. Sie verläuft durch den Scheitel des zentralen Lanzettfensters, die senkrechten Linien des Goldenen Schnitts gehen durch die Stämme der beiden hohen Eichen links und rechts der Ruine. Die untere Waagrechte markiert links und rechts am Bildrand den Beginn der lichten Himmelszone, während der untere Himmelsteil und die Erdzone in dunklem Schatten liegen. Die Lichtlinie verläuft in einem leichten, hyperbelartigen Bogen. Die ruinöse Eiche geht auf eine Zeichnung zurück, die mit „Neubrandenburg den 5. Mai 1809 Eiche das Licht von vorne C.D. Friedrich" beschriftet ist, auf der der Schatten sich von unten über den Stamm ausbreitet. Dieses Naturphänomen führt zu der „Abtei im Eichwald", das noch im gleichen Jahr entsteht. Auch hier wird deutlich, wie Friedrich Motive aus Zeichnungen übernimmt und kombiniert. Es sind kaum konkrete Abbildungen äußerer Realität. Das wäre für den Maler unzureichend. [85]

Dunkel – Dämmerung und das Licht

Carl Gustav Carus über Friedrich: „Wir waren schon um das Jahr 1818 einander nähergekommen. Er stand damals in den vierziger Jahren, und die Schärfe seiner Individualität war eben um diese Zeit leiblich und geistig am entschiedensten ausgeprägt. [...] Er trug einen eigenen melancholischen Ausdruck in seinem meist blassen Gesicht, dessen blaues Augenpaar so tief unter dem stark vorspringenden Orbitalrande und buschigen, ebenfalls blonden Augenbrauen verborgen lag, dass darin der Blick des die Lichtwirkung im höchsten Grade konzentrierenden Malers sehr charakteristisch sich erklärt fand." Carus erwähnt dann den Tod des Bruders beim Schlittschuhlaufen, für den Friedrich sich selbst die Schuld zuschreibt. Er spricht von Friedrichs „hohem Begriff von der Kunst", von „einem an sich düsteren Naturell und eine aus beiden hervorgehende tiefe Unzufriedenheit mit seinen eigenen Leistungen. [...] Die Dämmerung war sein Element, früh im ersten Morgenlicht ein einsamer Spaziergang und ebenso ein

---

[85] W. Busch a.a.O. S.59

zweiter abends bei oder nach Sonnenuntergang [...] das waren seine einzigen Zerstreuungen." Und diese Tageszeiten werden auch in seinen Bildern bevorzugt dargestellt.

Carus schildert auch Friedrichs Vorgehensweise: „übrigens brütete er in seinem stark beschatteten Zimmer fast fortwährend über seine Kunstschöpfungen." Er fing das Bild nicht an, bis es lebendig vor seiner Seele stand. [...] Ein Bild soll nicht erfunden, sondern empfunden sein." Dabei war für ihn „das Gefühl für reine Konzentration des Lichts, welches seine Werke auszeichnet", entscheidend. Carus schildert in diesem Zusammenhang die Reaktion Friedrichs auf ein Mondscheinbild, das er bei ihm vorfand. Er äußerte sich wohlwollend, vermisste aber eine gewisse Konzentration. „Da bat er mich, eine dunkle Lasur auf die Palette zu nehmen und außerhalb des Mondes und der nächst erleuchteten Stellen alles, und je mehr gegen den Rand des Bildes umso dunkler, damit zu übertuschen. [...] Ich tat es, und das Bild war mit eins ein anderes geworden; nun erst war die Illusion der Mondbeleuchtung deutlich." [86]

Das Gesagte wird deutlich in Friedrichs „Seestück bei Mondschein", das ein Segelboot ins Zentrum stellt, das in der unteren Waagrechten des Goldenen Schnitts positioniert, von leicht hyberbolisch gestalteten Lichtstreifen hervorgehoben wird. Dadurch wird die unglaublich intensive Helligkeit hervorgehoben, die in äußerstem Kontrast steht zur fast schwarzen See.

---

[86] P. Moser a.a.O. S.216-218

Caspar David Friedrich, „Seestück bei Mondschein (Mondschein auf dem Meer)", 1827/8 [87]

Ähnlich ist die Dunkelheit gehandhabt in „Meeresufer im Mondschein", 1836 [88]: Hier ist die Situation noch gesteigert, indem das Licht auf eine zentrale Stelle konzentriert wird (untere Waagrechte des Goldenen Schnitts) und auf die

---

[87] Abbildung in P. Moser a.a.O. S.221
[88] Abbildung in P. Moser a.a.O. S.267

Horizontlinie. Zwei schwarze Segel nehmen die Position der Vertikalen des Goldenen Schnitts ein.

Noch ein Wort zur Beziehung von Friedrich zu seinem Malerfreund, der Kunst als Amateur zur Entspannung betreibt, aber in erster Linie Arzt ist, auch Friedrichs Arzt. Friedrich gibt ihm Hilfestellung bei seinen Bildern, wie wir oben gesehen haben. Doch kommt es 1824 zum Bruch, nachdem Carus als Mediziner immer erfolgreicher wird, er zum Leibarzt des sächsischen Königs aufsteigt, während Friedrichs Karriere an der Akademie stagniert. Friedrich steht nun der künstlerischen Produktion von Carus - ihre Bilder waren als gleichwertig nebeneinander ausgestellt - zunehmend kritisch gegenüber. Während Friedrich seinen Bildordnungsprinzipien verpflichtet ist, die eine zweite Ebene hinter die vordergründige Landschafts- oder Meeresdarstellung legen, erzählt Carus Anekdoten, die im Konventionellen verhaftet sind. Werner Busch spricht bei Friedrich von einer „Transzendierung des bloß Subjektiven", die in Carus' Bildern keine Entsprechung finden. [89]

Der Baum als Motiv

Bäume spielen bei Friedrich eine wesentliche Rolle. Er mag in ihnen die Verwandtschaft zum Menschen gespürt haben, zeigen seine Bäume doch Verletzungen, Verwundungen, droht ihnen häufig die Entwurzelung. Zum anderen steht der Baum geradezu als Rückenfigur vor der Landschaft. Der Baum steht für den Menschen. Er ist der Mensch.

---

[89] W. Busch a.a.O. S.102ff.

Caspar David Friedrich, „Einsamer Baum (Dorflandschaft bei Morgenbeleuchtung)", 1822 [90]

In „Einsamer Baum" stellt der Baum in der Mitte die größte Dunkelheit dar vor einem Mittelgrund, der von Morgenlicht durchströmt wird. Dieser Baum hat keine Krone mehr, einzelne Äste sind abgefallen, abgebrochen. Er steht einfach da, in der Mitte des Bildes, trennt den hügeligen Horizont in zwei Teile. Ein Hirte hütet an den Baum gelehnt seine Schafe. Es ist ein friedliches Bild, was letztlich nicht allein durch die Farben, sondern durch die mehrfach verwendete Form

---

[90] Abbildung in P. Moser a.a.O. S.175

der Ellipse suggeriert wird. Zwei Wassertümpel in dieser Form vor und hinter dem Baum unterstützen die Ruhe, die von dem Baum im Zentrum ausgeht. Der Taleinschnitt ist mit der angedeuteten Wolkenformation ebenfalls elliptisch geprägt. Auch der Goldene Schnitt lässt sich in der Struktur ausmachen.

Caspar David Friedrich, „Mondaufgang am Meer", 1822 [91]

Diese Morgenstimmung stellt das Pendant dar zu „Mondaufgang am Meer" aus demselben Jahr, von dem schon die Rede war. Dort ragen die Köpfe der beiden Frauen in den Raum der Hyperbel hinein, aus deren Brennpunkt sich der Mond erhebt. Die geometrischen Figuren von Ellipse (bergend) und Hyperbel (in Ambivalenz sich öffnend) bilden kontrastierende Bauelemente.

„Auf dem Segler" aus dem Jahr der Eheschließung ist, wie wir gesehen haben (S.59), ein besonders berührendes Bild, das eine ganz eindeutige Interpretation aufweist: die Zuneigung des Paares. Schiffe sind ein beliebtes Thema für Friedrich. Das Hochformat von „Der Greifswalder Hafen (Schiffe im Hafen von Greifswald)", um 1818/20, stellt ein abgetakeltes großes Schiff ins Zentrum. Ein anderes Segel sowie ein Kirchturm von Greifswald sind jeweils Markierungen für den Goldenen Schnitt wie auch die Horizontlinie. Allein in der Mitte erheben sich die prallen Segel in „Segelschiff im Nebel", um 1815. In „Ansicht eines Hafens" lässt sich eine Hyperbel aus den Mastspitzen rechts erkennen, weniger auffällig links.

---

[91] Abbildung in P. Moser a.a.O. S.176

Caspar David Friedrich, „Lebensstufen", um 1834 [92]

Mit einer Personengruppe verbunden ist das späte Gemälde: „Lebensstufen". Das Ölbild zeigt Friedrich als alten
Mann in altdeutscher Tracht mit Stock in Rückenansicht.
Vom Rand des Meeres aus wendet sich ihm ein noch junger
Mann zu, während daneben eine Frau mit ihren Kindern
beschäftigt ist. Im Zentrum erhebt sich das große Segelschiff, weitere Segel befinden sich in unterschiedlicher
Entfernung, was Tiefe erzeugt, Segel, die in den hell
strahlenden Morgen- oder Abendhimmel reichen. Friedrich

---

[92] Abbildung in P. Moser a.a.O. S.244

spricht von „Lebensstufen". Man könnte wie Horst Antes von unterschiedlichen „Lebensaltern" (1976) [93] sprechen. Der Maler der Romantik und der Maler der Moderne stellen sich damit in eine alte Tradition wie sie auf Bildern des Mittelalters zur Darstellung kommt.

Nebel und Mondschein

Wilhelm von Kügelgen: „Sehr einfach, ernst und schwermutsvoll", waren Friedrichs Phantasien „nichts als Nebel, Bergeshöhe und Heide. Ein Nebelmeer, aus dem eine einsame Felskoppe ins Sonnenlicht aufragt, ein öder Dünenstrand im Mondschein, die Trümmer eines Grönlandfahrers im Polareise. [...] Die Felsenkappe, die aus Nebel nach der Sonne schaut, das war sein Bild."

Caspar David Friedrich, „Der Wanderer über dem Nebelmeer", um 1818 [94]

Am eindrucksvollsten ist das weiß schäumende Nebelmeer, das über den Felsspitzen der Sächsischen Schweiz wogt in „Der Wanderer über dem Nebelmeer", um 1818, dem Jahr seiner Heirat, einer Zeit, in der seine bekanntesten und eindrucksvollsten Gemälde entstehen. Hier ist die Rückenfigur in altdeutscher Tracht, allerdings mit wehendem Haar und ohne Barett, am deutlichsten ausgeführt. Sie nimmt auch die zentrale Position im Bild ein. Die Art, wie die Figur aufrecht und selbstbewusst dasteht, zusammen mit der

---

[93] Horst Antes (*1936), „Lebensalter" (1976

[94] Abbildung in P. Moser a.a.O. S.151

Tracht, verweist auf eine selbstbewusste politische Konnotation, die so in keinem anderen Bild zum Ausdruck kommt. Vielleicht wird sie deshalb so oft in der Werbung vermarktet. Sie ist nicht so subtil wie andere Figuren in Friedrichs Bildern.

Caspar David Friedrich, „Zwei Männer in Betrachtung des Mondes" ,um 1819/20 [95]

Im Allgemeinen stellt er seine Figuren eher kontemplativ in nächtliche Umgebung, etwa bei Vollmond wie in „Zwei Männer am Meer bei Mondaufgang", 1817, oder in: „Zwei Männer in Betrachtung des Mondes", um1819/20. Letzteres ist ein Bild der Freundschaft, in dem Friedrich, der um vierzehn Jahre Ältere, sich mit seinem Freund Dahl

---

[95] Abbildung in P. Moser a.a.O. S.155

dargestellt hat – in altdeutscher Tracht. Der Jüngere hat seinen Arm auf die Schulter des Freundes gelegt. Diese auf gegenseitigem Vertrauen beruhende Szene wird kontrastiert mit einem zu erahnenden Abgrund, der noch durch die das Bild beherrschende, teilweise entwurzelte Eiche verstärkt wird. Ihre dunkle Silhouette ist über einen Fels gebeugt, wobei ihre Wurzeln wie Krallen in die Luft ragen, als könnten sie jeden Moment ihre Erdhaftung vollends verlieren. Der Abendstern ist in seiner Winzigkeit am Schnittpunkt der waagrechten Mittelachse und der rechten Senkrechten des Goldenes Schnittes platziert, während die Mondsichel mit ihrem äußeren Rand die Mittelsenkrechte berührt. Vom Mond geht die größte Helligkeit aus und nimmt nach außen ab, wodurch das Zentrum des Bildes in seiner Bedeutung verstärkt wird. Die aufrecht stehende Figur trifft in Augenhöhe die obere Waagrechte des Goldenen Schnitts. Durch diese geometrische Einbindung erhält das Gemälde eine von Friedrich gewollte Transzendenz.

Caspar David Friedrich, „Felsenriff am Meeresstrand (Felsennadeln am Meeresstrand)", um 1824 [96]

Blauviolett sind Himmel und Wasser in „Felsenriff am Meeresstrand". Die größte Dunkelheit liegt auf dem felsigen Ufer, das zunächst eine elliptische Bucht umschließt, bevor das Land sich dem Meer öffnet. Aus der gesteigerten Helligkeit steigt ein bizarres Felsenriff auf. Das Lichte kehrt in

---

[96] Abbildung in P. Moser a.a.O. S.188

kleinen Wolkenfetzen am oberen Rand wieder und im Wasser der Strandzone.

Caspar David Friedrich, „Das Eismeer", 1823/24 [97]

Gesteigert wird das Motiv in: „Das Eismeer" mit dem Unter-titel „Die verunglückte Hoffnung" oder „Die gescheiterte Hoffnung", was deutlich darauf hinweist, dass die Symbolik einen bedeutenden Teil des Bildes darstellt. Hell beleuchtet sind Stellen des Eises, dessen scharfe Kanten pyrami-denartig nach oben weisen. Eisplatten füllen das Bild fast

---

[97] Abbildung in P. Moser a.a.O. S.194

völlig aus, reichen über den Bildrand hinaus. Das Licht kommt von oben aus der indigoblauen Wolkenwand. In beiden Bildern besteht kein Raum mehr für den Menschen. Auch in „Der Mönch am Meer" (1808-1810) erscheinen Stand, Meer und Himmel unendlich, aber dort steht noch ein Mensch allein vor der unendlichen Weite des Meeres. Hier ist Leben ausgeblendet.

Der Ire Edmund Burke (1729-1797) hat in seiner „Abhandlung über das Schöne und das Erhabene" („A philosophical enquiry into the origin of our ideas of the sublime and the beautiful")(1757) einen zu dem Zeitpunkt neuen, allerdings schon in der Antike bekannten Gedanken heraufbeschworen. Er beschäftigt sich darin mit ästhetischen Urteilen und entwickelt eine ästhetische Theorie des Erhabenen, als deren Kern er „delightful horror" nennt, einen Schrecken, den etwas auslöst, das das menschliche Maß überschreitet und dem Menschen dennoch ein positives Gefühl beschert. Man denkt in diesem Zusammenhang vielleicht an Rilkes erste Duineser Elegie, wo er sagt: „Denn das Schöne ist nichts / als des Schrecklichen Anfang, das wir gerade noch ertragen". Ähnlich wie Burke empfindet Immanuel Kant, dass den Menschen etwa beim Anblick der Weite des Meeres ein Gefühl des Erhabenen überkomme. Hierher gehört Caspar David Friedrichs „Mönch am Meer". Während das Bild entsteht, ändert der Maler, wie schon gesagt, die Position des kleinen Menschen aus der dem Betrachter zugewandten Position in eine Figur, die mit dem Rücken zu uns steht - der Mensch „in der Betrachtung" des Meeres, des Sternenhimmels, der großartigen Szenerie der Natur. Dieses

Erlebnis, das bei Friedrich eine alles Menschliche über-
schreitende Transzendenz darstellt, überträgt sich auf den
Betrachtenden.

Noch einmal Uwe Kolbe: „Auf dem Weg musste ich innerlich das Wir verlassen oder, anders gesagt, mich vom
Kollektiv verabschiedet haben. Es gab etwas, was ich nicht
teilen konnte [...] das Herzklopfen, wenn der Weg absch-
bar Richtung Meer führte. Wenn es wirklich ans Meer ging
[...]. Das Ereignis des Himmels zuvor gehörte dazu. Wie er
sich weitete und weitete. Wie die Horizontlinie schwand,
sich zurückzog, ins schiere Nichts abkippte, wegtauchte
[...]. Da war die Einsamkeit auf der Oberfläche des
Planeten gesucht. Nur ich, nur ich und das Meer." [98]

„Wir [...] hatten vor allem schon Caspar David Friedrich
gesehen. Seine Ansichten vom Meer bestimmten das Bild.
[...] Friedrichs ‚Eismeer', das Bild mit dem Mönch am Meer,
seine Hafenansichten, die Darstellung der Lebensalter vor
den stillliegenden Segelschiffen, sie hatten uns erwischt. [...]
Sie wurden Ikonen des inneren Auges und als solche
Begleiter fürs Leben." [99]

Der Junge war angezogen „vom Erhabenen", „vielleicht
durch die Ikone des Bildes im Kopf verstärkt [...] Das
Wirkliche war größer als die Kunst. [...] Aber das Wirkliche

---

[98] Uwe Kolbe, a.a.O. S.9-10

[99] Uwe Kolbe, a.a.O. S.16

war noch größer, weil es die Kunst gab. [...] Ich trat in etwas Gigantisches ein, allein. [...] Mein Privileg war die Einsamkeit. Mein Privileg war das Große und ich, miteinander im Zwiegespräch." [100]

Vor Jahren gab es eine Werbeslogan: „Ich bin immer für Sie da. Ihr Meer." Vielleicht etwas banal, aber das Meer gehört zu den Dingen, die unverändert Jahre, Jahrtausende ... überdauern und den Menschen unmittelbar ansprechen. Schauen wir auf C.D. Friedrichs Gemälde „Der Mönch am Meer", so erfassen wir ganz unmittelbar die Faszination, die Meer, wo immer wir es erleben, auf uns ausübt. Das teilt sich auch dem jungen Uwe Kolbe mit. Wir und unsere täglichen Sorgen verlieren an Bedeutung diesem scheinbar Unendlichen und Grenzenlosen gegenüber, und das hebt uns über uns und unser Kleinsein hinaus tröstet uns. Ist es die Bewunderung einem Naturphänomen gegenüber, das für uns Menschen durchaus auch Gefahren bereithält, weil es stärker ist als wir, wir ihm nicht gewachsen sind? Sind es diese ambivalenten Gefühle, die uns an die Existenz von etwas erinnern, das unseren Raum, unsere endliche Zeitspanne, unsere Vorstellungen bei weitem übersteigt?

Kant in seiner „Kritik der Urteilskraft (1790) sieht im Erlebnis des Erhabenen die sinnliche Erfahrung des Selbst, das zugleich die Selbstbehauptung herausfordert. Diese Selbst-

---

[100] Uwe Kolbe a.a.O. S.21-25

behauptung stellt Friedrich in seinem vielleicht bekanntesten Gemälde „Der Wanderer über dem Nebelmeer" (um 1818) dar – die Hochzeit seines Schaffens. Hier steht eine dominierende große Figur im Zentrum über dem Nebelmeer, das in der Tat einem brausenden Meer gleicht, wobei der Kopf auf der Horizontlinie den Übergang in eine Transzendenz darstellt. Es ist ein für Friedrich eher ungewöhnliches Bild, weil es den Menschen als Gegenpart zum Erhabenen der Natur, als geradezu gleichwertig darstellt. Der Kunsthistoriker Beat Wyss sieht in diesem Bild eine idealistische Tendenz, die eher der Klassik entspricht, während Friedrich ansonsten eindeutig der Romantik zuzurechnen ist. [101]

Zurück zum „Eismeer", dessen Entstehung in die Jahre 1823/24 fällt. Hier hat der Mensch keinen Raum mehr. Hier füllen die scharfen Kanten der Eisplatten bedrohlich das Bild. Im dichten, fast unkonturierten Grau wird das Erhabene zum Erschreckenden, verliert sich zugleich aber in einer bedrohlich erlebten Transzendenz.

Im Jahr der Entstehung des Bildes fällt Friedrich in eine schwere gesundheitliche Krise. Zudem fühlt er sich als Künstler zunehmend unverstanden, und so erhält das Gemälde die zusätzlichen Titel „Die verunglückte Hoffnung" oder „Die gescheiterte Hoffnung", Titel, die eine Gefühlswelt intonieren wie sie schon 1822 in „Einsamer Baum" anklingt.

---

[101] Beat Wyss in der Vorlesung „Kunst der Nachkriegszeit" an der Universität Stuttgart 1997

Luise Seidler, eine von Goethe geförderte Künstlerin, wird von ihm auf Friedrich verwiesen. Sie besucht ihn in Dresden und schildert ihn als liebenswerten Menschen. Sie konstatiert: „Er liebte es, seinen Kunstschöpfungen einen höheren Gedanken unterzulegen [...]." [102]

Außer durch entsprechende Titel, steckt aber auch, wie Werner Busch überzeugend ausführt, in den unterlegten geometrischen Figuren seiner Bilder eine tiefere, humane Ebene, die Ausdruck seiner persönlichen Religiosität ist. Der „Goldene Schnitt", die göttliche Proportion", wie überhaupt die in der Romantik unterlegte Mathematik, liegen seinem Werk zugrunde.

Für Caspar David Friedrich verbirgt sich eine solche Abstraktion in der Natur, der realen Welt – geometrische Formen, die Tiefe hinter der Oberfläche verbergen. Figurationen, die nur Annäherung sein können – daraus folgt Demut.

Das 20. Jahrhundert löst die geometrische Form aus dem religiösen Kontext und führt die Realität in eine säkular verstandene Geometrie zurück ohne die von Friedrich angestrebte Transzendenz. Auch für Adolf Hölzel ist der Goldene Schnitt als harmonische Proportion von Bedeutung, Oskar Schlemmer nimmt sie in der Proportion des menschlichen Gesichts wahr, der Proportion des Menschen, die sich schon im Vitruvmann von Leonardo da Vinci aus-

---

[102] Luise Seidler in P. Moser a.a.O. S.87

drückt. Geometrischen Figuren behalten auch im 20. Jahrhundert ihre Bedeutung, doch sind es nun in erster Linie Kreis, Quadrat und Dreieck, die in großer Deutlichkeit im Mittelpunkt stehen. Das Absehen von einer religiösen Komponente unterscheidet die Künstler des Bauhauses wie überhaupt die Moderne von den Romantikern wie dem Maler Caspar David Friedrich.

Der Maler Otto Niemeyer-Holstein lebt und schafft auf Usedom in Lüttenort. Es ist eine unwirtliche Brache an der schmalsten Stelle der Insel, zwischen Ostsee und Achterwasser, die durch den Maler erst zu einem Ort wird. Lyonel Feininger verbringt zu Anfang des 20. Jahrhunderts einige Sommer auf Usedom, wo er zu seiner Art der Umsetzung des Gesehenen findet. Ausgehend von Zeichnungen nach der Natur, einer Methode, die auch Otto Niemeyer-Holstein anwendet, entwickelt er seine für ihn so typische prismatisch-kristalline Darstellungsweise. Ein Jahrhundert zuvor findet Caspar David Friedrich, in Greifswald geboren, auf Wanderungen an der Ostsee zu seinen großen Themen.

Alle drei Maler zeichnen vor der Natur und malen ihre Bilder im Raum, im Atelier. Sie arbeiten aus sich heraus, im Dialog mit dem Sujet. Es sind die in der Landschaft gemachten Notizen, die ihren Gemälden zugrunde liegen. Keinem der drei genügt die bloße Abbildung. Die Realität wird von Friedrich durch die von der Romantik gefeierte Mathematik transzendiert. Geometrische Figuren wie die Hyperbel, Proportionen wie der Goldene Schnitt stecken als Bauprinzipen unauffällig in seinen Bildern, die auf den ersten Blick allein der Natur folgen. Otto Niemeyer-Holstein geht von der Farbe aus, seinem Empfinden, seiner Erfahrung, seinem

Vorwissen. Feininger empfindet in zunehmendem Maße ein Ungenügen im bloßen Abbilden und sucht nach einer Struktur, die für ihn hinter der Natur erscheint. Seine Lösung findet sich in einer prismatisch-kristallinen Darstellungsweise. Eine zweite Ebene, die man auch Transzendenz nennen könnte, ist freilich für die beiden jüngeren Maler nicht im engeren Sinne in der Religion zu suchen.

Doch ist die Erhabenheit des Meeres bei allen dreien auf ihre Weise verwirklicht.

Dieses den Einzelnen Übersteigende erlebt der junge Uwe Kolbe im Februar 1963 auf Usedom: Der Junge war angezogen „vom Erhabenen", „vielleicht durch die Ikone des Bildes im Kopf verstärkt […] Das Wirkliche war größer als die Kunst. […] Aber das Wirkliche war noch größer, weil es die Kunst gab. […] Ich trat in etwas Gigantisches ein, allein. […] Mein Privileg war die Einsamkeit. Mein Privileg war das Große und ich, miteinander im Zwiegespräch."

Literatur:

Uwe Kolbe, Mein Usedom – Abschied von Vineta
(Hamburg 2014)

Otto Niemeyer-Holstein, Lüttenort – Eine Bilderwelt
(Lüttenort 2021)

Otto Niemeyer-Holstein – Werke aus fünf Jahrzehnten
(Kunsthalle Rostock (2011)

Achim Roscher, Lüttenort – Geschichten aus dem Leben
Otto Niemeyer-Holsteins, (Berlin [2]2009)

Martin Bartels, Papileo auf Usedom- Eine Feininger-Radtour
(Bonn 2009)

Ingeborg Bauer, Der Goldene Schnitt Teil III: Kunst vor, am
und nach dem Bauhaus (Norderstedt 2020), zu Lyonel
Feininger S.32-61

Werner Busch: Caspar David Friedrich (München 1995;
2021)

Peter Moser: Caspar David Friedrich. Sein Leben, seine
Welt und seine Bilder (Bamberg 2008)

Norbert Wolf: Friedrich (Köln 2006)

Studium der Germanistik und Anglistik. Nach dem Staats-
examen als Studienrätin tätig. Volkshochschuldozentin in
Esslingen: Englische Konversationskurse mit den Schwer-
punkten: „Englischsprachige Literatur der Gegenwart",
„Kunst und Architektur des 20./21. Jahrhunderts". Freiberuf-
liche Mitarbeit in einer Galerie für zeitgenössische Kunst.
Vernissagen, Texte für Kataloge, Lyrik zu Kunst und
Künstlern wie Adolf Hölzel und Paul Klee. Reisebücher.

Veröffentlichungen u.a.:

- „Mental Maps" - Lyrik und Kurzprosa (2003)
  ISBN 3-89906-447-X   € 4,80

- „Das Blau des Himmels aber birgt den Engel" - Lyrik
  (2004)
  ISBN 3-899906-795-9   € 7,80

- „Traumverwandt die Schatten der Dinge" - Lyrik
  und essayistische Prosa
  ISBN 3-89906-597-2   € 8,80

- „Sommerschwer die Vogelbeerdolden" – Lyrik (2005)
  ISBN 3-899906-596-4   € 8,80

- „Die Melodie des Ölbaums und der Palme" – Reisen in den Maghreb" (2007)
  ISBN 978-3-8334-6807-0   € 11,80

- „Am blauen Rand Europas - Inseln im östlichen Mittelmeer" - Lyrik (2008)
  ISBN 978-3-8379-5744-4   € 11,90

- „Ägyptischer Bilderbogen - Tagebuch einer Ägyptenreise" (2009)
  ISBN 978-3-8370-8722-2   € 25,00

- „Es streift eine dunkle Flöte" (2010)
  ISBN 978-3-8391-4233-2   € 14,80

- „Annette von Droste-Hülshoff – eine Annäherung" (2010)
  ISBN 978-3-8391-4670-5   € 14,80

- „Von Wald, Wasser und Wind und einer bewegenden Geschichte Polen - Baltikum - St. Petersburg" (2011)
  ISBN 978-3-8423-4030-5   € 35,90

- „Im Bannkreis Venedigs - Venedig - Kroatien - Korfu" (2011)
  ISBN 978-3-8423-5850-8   € 24,90

- „Peer Gynt und das menschliche Maß Gedanken zu einer Norwegenreise (2012)
  ISBN 978-3-8448-1092-9   € 19,90

- „Spiegel innerer Räume - Lyrik zu Bildern von Paul Klee (2012) ISBN 978-3-8448-1601-3   € 11,90

- „Wege in die Abstraktion – Lyrische Betrachtungen (2013) ISBN 978-3-7322-3992-4   € 5,90

- „Auch am Rand ist in der Mitte - eine (nicht nur) literarische Reise durch Irland" (2013) ISBN 978-3-7322-3730-2   € 20,90

- „Ikonen der Kunst – Betrachtungen zur Bildtradition in Ost und West (2014) ISBN 978-3-7357-2157-01   € 13,99

- „Distel - dornige Schönheit – Auf Spurensuche in Schottland (2015) ISBN 978-3-7347-8050-9   € 19,99

- „Von der Zeit" - Ingeborg Bauer, Lyrik Peter Magiera, Grafik (2015) ISBN 978-3-739-224701   € 5,99

- „AugenBlicke Teil I: Augenblicke der Menschheit" (2016) ISBN 978-3-741-29301-6   € 12,99

- „AugenBlicke Teil II: Gesicht und Auge – Porträt und Maske" (2016) ISBN 978-3-741-29306-1   € 9,99

- „AugenBlicke Teil III: Das Auge in der Moderne" (2016) ISBN 978-3-741-29309-2   € 15,99

- „Doris Knapp – Stationen eines Künstlerlebens"
(2017)
ISBN 978-3-7448-8359-7 € 6,99

- „PORTUGAL – Lyrisches Kaleidoskop" (2017) –
ISBN 978-3-7448-9052-6 € 11,99

- „INNENRÄUME – INNERE RÄUME – LEBENSRÄUME –
Interieurs in der Malerei in Nord und Süd" (2018) –
ISBN 978-3-7448-9052-6 € 18,99

- „JAHRESZEITEN – Haikus und Tankas" (2020)
ISBN 978-3-7528-5008-6 € 9,99

- „Der Goldene Schnitt Teil I : Kunst und Architektur
– Geometrie der Frühe" (2020)
ISBN 978-3-7526-6949-7 € 19,99

- „Der Goldene Schnitt Teil II : Kunst und Architektur
– Das Bauhaus, seine Vorläufer, seine Strömungen"
(2020)
ISBN 978-3-7526-7279-4 € 13,99

- „Der Goldene Schnitt Teil III : Kunst vor, am und
nach dem Bauhaus" (2020)
ISBN 978-3-7526-7361-4 € 13,99

- „Skulptur im 20. Jahrhundert – Leere als Tiefe"
(2021)
ISBN 978-3-7543-1309-1 € 19,99